KB200509

리더의 눈물

From Weakness to Strength
Originally published in English under the title: From Weakness to Strength
© 2017 by Scott Sauls
Published by David C. Cook, 4050 Lee Vance Drive, Colorado Springs, Colorado 80918 U.S.A.

This Korean Edition Copyright © 2018 by Duranno Ministry
38, 65-gil, Seobinggo-ro, Yongsan-gu, Seoul, Republic of Korea

본 저작물의 한국어판 저작권은 David C. Cook과 독점 계약한 두란노서원에 있습니다.
저작권법에 의거하여 한국 내에서 보호를 받는 저작물이므로 무단 전재와 무단 복제를 금합니다.

리더의 눈물

지은이 | 스캇 솔즈
옮긴이 | 정성묵
초판 발행 | 2018. 10. 24
6쇄 발행 | 2022. 12. 26
등록번호 | 제1988-000080호
등록된 곳 | 서울특별시 용산구 서빙고로65길 38
발행처 | 사단법인 두란노서원
영업부 | 2078-3333 FAX | 080-749-3705
출판부 | 2078-3332

책값은 뒤표지에 있습니다.
ISBN 978-89-531-3305-1 03230

독자의 의견을 기다립니다.
tpress@duranno.com www.duranno.com

두란노서원은 바울 사도가 3차 전도 여행 때 에베소에서 성령 받은 제자들을 따로 세워 하나님의 말씀으로 양육
하던 장소입니다. 사도행전 19장 8-20절의 정신에 따라 첫째 목회자를 돕는 사역과 평신도를 훈련시키는 사역,
둘째 세계선교™와 문서선교 단행본·잡지 사역, 셋째 예수문화 및 경배와 찬양 사역, 그리고 가정·상담 사역 등을 감
당하고 있습니다. 1980년 12월 22일에 창립된 두란노서원은 주님 오실 때까지 이 사역들을 계속할 것입니다.

리더의 눈물

스캇 솔즈 지음 | 정성묵 옮김

두란노

여러 계시를 받은 것이 지극히 크므로 너무 자만하지 않게 하시려고 내 육체에 가시 곧 사탄의 사자를 주셨으니 이는 나를 쳐서 너무 자만하지 않게 하려 하심이라 이것이 내게서 떠나가게 하기 위하여 내가 세 번 주께 간구하였더니 나에게 이르시기를 내 은혜가 네게 족하도다 이는 내 능력이 약한 데서 온전하여짐이라 하신지라 그러므로 도리어 크게 기뻐함으로 나의 여러 약한 것들에 대하여 자랑하리니 이는 그리스도의 능력이 내게 머물게 하려 함이라 그러므로 내가 그리스도를 위하여 약한 것들과 능욕과 궁핍과 박해와 곤고를 기뻐하노니 이는 내가 약한 그때에 강함이라

- 고린도후서 12장 7-10절

하나님의 반전

오래전 얕은 물에서 다이빙을 하는 바람에 목뼈가 부러진 적이 있다. 그 운명의 날에는 하나님이 나를 리더로 키워 주실 줄 상상도 하지 못했다. 팔과 다리를 사용할 수 없이 평생 휠체어에 앉아 살아야 한다는 사실에 그저 구역질이 나올 뿐이었다. 하지만 서서히 하나님은 그분의 방법으로 내 영향력의 범위를 확장시켜 주셨다. 그렇게 나는 자연스럽게 리더가 되었다. 그리고 내가 리더

From Weakness
To Strength

가 되었다는 사실에 그 누구보다도 내가 놀랐다.

하지만 놀랄 일이 아니다. 이것은 성경에 나타난 리더를 세우시는 하나님의 주된 방식이기 때문이다. 그리스도인의 고난은 언제나 뜻밖의 반전으로 가득하다. 하나님은 완전히 실패자들이나 연약한 자들을 리더로 선택하길 즐겨하신다. 기드온의 경우가 그러했다.

하나님은 기드온에게 미디안 군대에 맞서라고 명령하신 직후 그의 군대를 겨우 3백 명으로 대폭 축소하셨다. 전쟁에서 승리하기 위해 병력을 줄인다는 것은 도무지 말이 되질 않는다. 하지만 덕분에 기드온 군대가 미디안의 대군을 대파했을 때 온 세상은 하나님이 하신 일인 줄 알게 되었다.

서로 잘났다고 떠드는 세상 사람들에게는 미안하지만 하나님은 이 방식을 즐기신다. 하나님이 복음을 어떻게 퍼뜨리셨는지 생각해 보라. 예수님이 이 땅에서 사역하실 때 열두 제자들은 변변치 않은 직업을 가진 평범한 사람들이었다. 그렇다고 예수님을 제대로 믿은 것도 아니었다. 그들은 툭하면 믿음이 없는 모습을 보이는 한심한 자들이었다. 아무래도 하나님의 나라를 건설하는 일은 오리무중에 빠질 것만 같았다.

내가 하나님이라면 다르게 할 것이다. 가장 머리가 좋은 남녀를 영입할 것이다. 운영비를 조달하기 위해 세계 최대 갑부들을 동원할 것이다. 홍보팀에는 세상에서 가장 말을 잘하는 사람들로 꽉 채울 것이다. 약한 사람들은 지원할 생각조차 하지 마라. 육체적 장애를 가진 사람들은 생각도 하지 않는다. 내 행보를 더디게 만들

수 있는 사람들은 제외하는 것이 좋다.

내가 세상을 운영하지 않아서 얼마나 다행인지 모른다. 감사하게도 하나님이 세상을 다스리고 계신다. 하나님은 약하고 재능이 없고 사랑스럽지 못하고 전혀 영웅처럼 보이지 않는 사람들에게 손을 뻗으신다. 하나님은 죄인들에게 두 팔을 벌리신다. 그것은 다름 아닌 그분의 크신 사랑 때문이다. 또한 그것이 스스로 가장 큰 영광을 받으시기 위한 그분의 방식이기 때문이다.

내 친구 스캇 솔즈가 나 같은 자들을 위해 놀라운 책을 펴냈다. 《리더의 눈물》은 우리가 여태껏 효과적인 리더십에 관해 배운 모든 것, 특히 리더의 개인적인 힘과 같은 이야기는 전부 잊어버리게 만든다. 심리학자인 친구의 말마따나 자신감이나 카리스마, 대담함은 장기적으로 별로 중요하지 않다. 하나님은 강한 자가 아닌 약한 자를, 온전한 자가 아닌 망가진 자를, 안정된 자가 아닌 불안한 자를 리더로 선택하실 때가 많다. 하나님의 가장 위대한 리더들은 꽃밭이 아닌 폐허 속에서 피어난다.

이것이 내가 나의 휠체어에 대해 하나님께 감사하는 이유다. 휠체어는 내 실패와 약함을 감사하게 만들어 준 고마운 선물이다.

나는 내가 국경을 초월한 장애인 사역자요 영향력 있는 저자로 하나님을 섬기게 될 줄은 꿈에도 몰랐다. 하나님이 나를 사용하셔서 교회와 장애인 사역 단체들에 영향을 미치게 하실 줄은 상상도 할 수 없었다. 하지만 지금 나는 그런 꿈같은 삶을 살고 있다. 그것은 무엇보다도 가장 뛰어난 하나님의 리더들은 약함에도 '불구하고'가 아니라 오히려 약함으로 '인해' 강한 리더십을 발휘한다는 사실을 깨달았기 때문이다.

손에 든 이 책을 천천히 곱씹으며 읽기를 권한다. 놀라운 통찰과 지혜로 가득한 책이다. 솔즈는 약함을 이해한다. 솔즈는 넘어지고 쓰러지는 기분에 대하여 잘 안다. 그리고 그의 우정은 하나님의 나라 안에서 내가 누리는 특별한 기쁨 가운데 하나다.

자 이제 이 책의 페이지들을 넘기기 시작하라. 마지막 장에 이르면 고개를 세차게 끄덕이며 상처를 선물로 주신 하나님께 감사하게 될 것이다. 실패, 잘못된 수술, 어눌한 입술, 고통스러운 상실, 심지어 얕은 물속으로 다이빙을 하는 것까지 결국은 모든 것이 선물이다.

그래서 피로 얼룩진 갈보리의 길을 걷는 동반자로서 감히 말하건대, 당신의 약점을 자랑하고 모욕을 기뻐하며 고난을 영광으로 알기를 바란다. 그것들은 바로 당신을 리더로 탈바꿈시켜 주는 용광로가 될 것이다.

_ 조니 에릭슨 타다(Joni Eareckson Tada)
조니와 친구들(Joni and Friends) 설립자

이 땅에서
리더로 산다는 것

　스캇 솔즈의 새 책은 누구보다도 내게 큰 의미가 있다. 이것은 자랑이 아니라 단지 20년 동안 우정을 나눈 형제와도 같은 사람에 대한 깊은 애정의 표현이다.

　나는 솔즈가 자랑스럽다. 아니, 나는 솔즈를 사랑한다. 당신이 이 책을 읽고 가슴에 새길 뿐 아니라 다른 리더들에게도 추천하고 선물하기를 진심으로 바란다. 그리고 당신이 이 책이 흔한 리더

From Weakness
To Strength

십 서적 가운데 하나가 아닌 이유를 이해하게 되기를 바란다.

고통에서 깨달음을 얻지 못한 리더에게게서는 얻을 것이 별로 없다. 그들은 큰 입지를 구축하고 멋진 '브랜드'를 구축할 수는 있을지언정 영원한 가치가 있는 것을 제시하지는 못한다.

나는 솔즈가 쓴 이 책의 가치를 믿어 의심치 않는다. 그가 점점 더 그리스도와 자신의 약점을 자랑해 온 모습을 오랫동안 곁에서 지켜보았기 때문이다. 그를 알수록 더 많은 약점이 눈에 들어왔지만, 아이러니하게도 그는 점점 더 뛰어난 리더가 되었다. 그리고 그는 리더로서 가장 힘든 시기에 자신과 동행하는 특권을 내게 허락해 주었다.

반대로, 솔즈는 나 같은 다른 리더들의 망가짐과 약함 속으로도 기꺼이 들어와 주었다. 내게 처음 다가왔을 때 솔즈는 캔자스 주의 젊은 교회 개척자였다. 반면, 나는 테네시 주 프랭클린에서 겉으로는 큰 성공을 거두고 있는 '노련한' 교회 개척자였다. 내가 솔즈에게 끌리게 된 것은 그리 오랜 시간이 걸리지 않았다. 처음 나에게 전화를 걸어왔을 때 솔즈는 아무것도 요구하지 않았다. 단지 우리 교회를 통해 나타나고 있다는 하나님의 역사에 대해 궁금해 하며 나를 격려하고 싶어 했다.

우정이 자라기 시작한 지 얼마 되지 않아 하나님은 나를 깨지고 치유되는 고통스러운 과정으로 인도하셨다. 물론 복음을 진지하게 받아들이는 리더라면 누구나 겪는 일이다. 하나님은 우리가 그리스도를 위해 하는 일보다 우리 안에서 그리스도가 역사하시는 일에 더 관심이 많으시다. 하나님은 요나의 속도를 늦추고 겸손하게 만들기 위해 큰 물고기를 보내셨다. 그 하나님이 같은 목적으로 내 삶 속에 극도의 피로를 보내셨다.

리더로서 나는 내 외적인 성공과 내적 혼란 사이의 불일치를 깨달아야만 했다. 내 머리와 가슴의 단절을 실감해야만 했다. 내가 집에서보다 설교단에서 훨씬 더 활력이 넘친다는 사실을 가슴 깊이 안타까워해야만 했다. 40년 동안 간직해 온 마음의 상처들, 부인하기만 하고 제대로 다루지 않았던 상처들에 대한 치유가 절실히 필요했다. 이론적인 망가짐, 이론적인 죄, 이론적인 우상이라면 이론적인 은혜가 잘 통했겠지만 내 문제는 이론적인 것이 아니었다.

솔즈가 성장하는 대형 교회의 리더인 내게 가졌던 모든 환상은 그리 오래 가지 않았다. 하지만 솔즈는 내가 대단하거나 똑똑해서 다가왔던 것이 아니었다. 그는 내 재능을 인정해 준 것만큼이나 내 문제와 약점, 상처도 언제나 있는 그대로 받아주었다. 돌아보면 그가 내게 목회의 실용적인 문제를 문의한 경우는 한 번도 기억이 나질 않는다. 그는 언제나 마음과 관계, 복음의 문제에 관해 이야기하기를 원한다.

형제와도 같은 친구이자 복음의 동역자인 솔즈에게 감사한다. 하나님이 솔즈의 지경을 더 넓혀 주시고 부흥시켜 주시길 간절히 기도한다.

_ 스코티 스미스(Scotty Smith)
크라이스트커뮤니티처치 설립목사

Contents

Part 1

리더, 하나님 앞에서 울다

Part 2

약함의 영성, 하나님의 강함을 입다

나처럼 길을 잃은
리더들에게

만약 지금 예수님이 육신의 상태로 우리 가운데 계신다면 우리가 그분을 미국인답지 않다고 비난하지는 않을까?

나는 미국인인 것을 늘 자랑스러워했다. 권력과 돈, 명예욕과 같은 미국인들의 전형적인 모습으로 행동할 때가 적지 않았다. 툭하면 이기적인 안위와 야망을 추구했다.

젊은 시절에 친한 몇몇의 친구들과 자메이카 여행을 다녀왔다. 여행 중에 잠깐 미술관을 방문하게 되었다. 그때 자메이카인의 모습을 한 예수님과 열두 제자의 그림을 보고, 그때 예수님의

From Weakness
To Strength

미국인 제자로서 경악을 금할 수 없었다. 예수님을 포함한 그림 속의 열세 사람은 놀랍게도 갈색 피부에 갈색 눈과 검은색 머리칼을 하고 있었다. 내가 오랫동안 품어 왔던 하얀 피부와 푸른 눈, 연한 고동색 머리칼을 갖고 영어를 사용하는 미국인 예수님, 전설적인 록 그룹 비지스(Bee Gees)의 네 번째 멤버로 오해받기 딱 좋은 예수님의 이미지와는 너무도 달랐다. 내 머릿속의 예수님은 언제나 '미국인'이었다. 그래서 자메이카인 예수님의 그림을 보는 순간, 뭔가 생소하다, 아니 잘못되었다는 느낌이 들었다. 그런데 어쩌면 그 그

21

림을 그린 자메이카인 화가가 잘못된 것이 아니라 내가 잘못된 것은 아닐까?

그로부터 20년도 더 지난 지금, 내 조국이 기독교 이야기의 중심이지 않고, 심지어 중심인 적도 없었다는 사실을 알게 되었다. 사실, 미국은 예수님이 마태복음 28장 16-20절의 지상 대명령에서 말씀하신 '땅 끝'의 일부일 뿐이다.

오히려 자메이카인 예수님의 이미지가 문화적인 편견이 잔뜩 가미된 미국인 예수님보다 훨씬 더 진짜에 가깝다. 성경 속의 예수님은 갈색 피부에 갈색 눈과 검은색 머리칼을 가진 1세기 중동의 유대인 랍비였을 가능성이 높다. 예수님은 결혼을 하지 않았고 물질적으로 가난했으며 집 없는 설움을 아시며 영어를 한 마디도 못할 뿐 아니라 미국 땅을 밟은 적이 없는 분이셨다. 그리고 아마도 영화에서처럼 미남이 아닌 지극히 평범한 얼굴의 소유자셨을 것이다.

이런 깨달음은 나를 수치로 이끌지 않았다. 오히려 깊은 경외감과 감사, 예배의 마음이 일어났다. 예수님께서 시공간과 언어, 인종, 문화, 종교, 경제의 벽을 넘어 나 같은 '미국인들'을 위대한 구속의 역사에 동참시켜 주셨다는 사실이 놀랍기 그지없다. 예수님은 여러 모로 '비(非)'미국인이시지만 절대 '반미'는 아니시다. 예수님은 생전의 동포들만큼이나 나 같은 사람들의 편이시다. 내가 한 일이라곤 아무것도 없이 순전한 은혜로 인해 예수님은 나를 그분의 영원한 가족에 접붙여 주셨다. 비록 이 가족은 유대인들에게 '먼저'요 이방인들은 '그 다음'이지만(롬 1:16), 나도 요셉, 마리아, 베드로, 바울 같은 1세기 중동의 유대인들 못지않은 당당한 예수님의 가족이다.

예수님은 '리더'의 의미에 대해서도 완전히 다른 방향을 제시하신다. 리더십에 관한 예수님의 비전은 미국의 관점과 전혀 다르다. 미국에서는 스펙이 리더를 결정한다. 반면, 예수님에게 리더의 결정적인 요건은 인격이다. 미국에서는 어떤 결과를 내놓느냐가 가장 중요하다.

반면, 예수님 안에서는 어떤 사람이 되어가느냐가 가장 중요하다. 미국에서는 물질적인 부와 권력, 지위로 성공을 평가한다. 반면, 예수님 안에서는 물질적인 나눔, 겸손, 섬김으로 성공을 가늠한다.

미국에서 꼴찌는 창피를 당하고 일등은 칭찬을 받는다. 예수님 안에서는 일등이 꼴찌가 되고 꼴찌가 일등이 된다. 미국에서는 리더들이 자신의 이름이 유명해지기 위해 일한다. 때로 예수님을 그 목적을 이루기 위한 수단으로 취급한다. 예수님 안에서 리더들은 '그분의' 이름을 만방에 알리려고 하고 그 목적을 위해 자신의 지위와 능력, 영향력을 사용한다. 미국에서는 리더들이 인정을 받기 위해 애를 쓴다. 예수님 안에서는 리더들이 자신의 명예를 따지지 않고 언제나 남들에게 공을 돌린다.

미국에서는 리더들이 스스로 번영하기 위해 비교하고 경쟁한다. 예수님 안에서는 리더들이 남들의 번영을 위해 희생하고 섬긴다. 미국에서는 리더십이 주로 "너의' 희생을 발판으로 '내' 영광과 행복을 추구한다"를 의미한다. 예수님 안에서 리더십은 언제나 "'내' 희생을 통해 '너의' 성장과 온전함을 추구한다"를 의미한다. 미국에서는 강한 자들이 꼭대기에 오른다. 예수님 안에서는 온유한 자가 땅을 물려받는다.

사도 바울은 자기 분야에서 최고의 자리에 올랐고, 1세기 랍비라면 누구나 꿈꾸던 지위와 권력, 명예를 손에 넣었다. 그런데 그가 어떤 고백을 했는지 들어보라.

> 그러나 무엇이든지 내게 유익하던 것을 내가 그리스도를 위하여 다 해로 여길뿐더러 또한 모든 것을 해로 여김은 내 주 그리스도 예수를 아는 지식이 가장 고상하기 때문이라. 내가 그를 위하여 모든 것을 잃어버리고 배설물로 여김은 그리스도를 얻고(빌 3:7-8).

그는 또 이렇게 선포했다.

하나님의 어리석음이 사람보다 지혜롭고 하나님의 약하심이 사람보다 강하니라. 형제들아, 너희를 부르심을 보라. 육체를 따라 지혜로운 자가 많지 아니하며 능한 자가 많지 아니하며 문벌 좋은 자가 많지 아니하도다. 그러나 하나님께서 세상의 미련한 것들을 택하사 지혜 있는 자들을 부끄럽게 하려 하시고 세상의 약한 것들을 택하사 강한 것들을 부끄럽게 하려 하시며 하나님께서 세상의 천한 것들과 멸시 받는 것들과 없는 것들을 택하사 있는 것들을 폐하려 하시나니 이는 아무 육체도 하나님 앞에서 자랑하지 못하게 하려 하심이라(고전 1:25-29).

성경의 기록을 보면 바울의 말은 옳다. 성경에서 가장 위대하고 영향력 많은 리더들은 하나같이 '인명사전'이나 VIP 리스트에 오를 일이 절대 없는 불완전하고 무자격한 사람들이었다.

형들에게 버림을 받고 우여곡절 끝에 애굽으로 팔려가 감옥에 갇혔던 요셉은 나중에 애굽의 총리가 되었다. 만취해 벌거벗은 채로 기절했던 노아는 모든 생물을 멸종의 위기에서 구해냈다. 툭하면 비겁한 남편과 못난 아버지의 면모를 여실히 드러냈던 아브라함은 모든 그리스도인의 영적 조상이 되었다. 동시대인들에게 거부를 당해 처절한 처형을 당한 이사야 선지자는 인류 역사상 가장 강력한 목소리 중 하나가 되었다. 이름 없는 촌구석 목자의 아들이요 일곱 형제 중 막내였던 다윗은 이스라엘의 왕이요 시편의 절반 이상을 쓴 작가가 되었다.

다혈질의 어부이자 예수님을 세 번이나 부인한 변덕스러운 제자 베드로는 예수님을 위해 용감하게 진리를 전하다가 십자가에 거꾸로 박혀 순교했다. 작은 마을의 앳된 십대 소녀였던 마리아는 하나님의 아들의 어머니가 되었다. 창녀 라합과 불륜녀 밧세바는 예수님의 가문에 포함되는 영광을 얻었다. 신성모독자요 박해자이며 이방인들을 배척하는 인종주의자였던 바울은 이방인들의 사도가 되어 신약의 3분의 1을 기록했다.

무엇보다도 예수님을 빼놓을 수 없었다. 고향 사람들에게 거부를 당하셨으며 외적으로는 전혀 별 볼일 없으셨다. 심지어 사형수로 쓰레기 더미 위에서 죽음을 맞이했다. 하지만 예수님은 이 극심한 고통을 통해 수많은 영혼을 위한 구원을 이루셨고 만물이 새로워질 길을 마련하셨다. 온 우주의 통치가 인간에게 경멸과 거부를 당하신 분의 어깨 위에 온전히 놓여 있다.

정말이지, 가장 강력하고도 가장 많은 생명을 주며 가장 오래 가는 리더십은 약한 자들의 어깨 위에 놓여 있다. 하나님은 약한 것들을 선택하셨다. 바로, 나처럼 약한 이들을 택하신다. 바울처럼 내 가시와 고통, 장애물을 제거해 달라고 간구한 적이 얼마나 많은지 모른다. 그런데 돌이켜보니 바로 이런 약점, 난관, 심지어 가슴 찢어지는 사건들을 통해 하나님은 그분의 능력과 힘을 충분히 드러내셨다. 비록 가시는 고통스럽지만 그 가시는 나를 온전한 리더로 성장시켜 주시는 은혜의 선물이다.

이제 여덟 가지 흔한 가시들을 성경의 시각으로 살펴보고자 한다. 이루어지지 않은 야망, 고립, 비판, 질투, 불안감, 실망, 반대, 고난이다. 우리가 어떻게 반응하느냐에 따라 이런 가시는 리더로서 우리를 성장시켜 줄 수도 있고 무너뜨릴 수도 있다.

목사, 부모, 멘토, 목자, 저자, 조직 관리자, 운동가 등 어떤 리더이든 이 책을 통하여 좋은 통찰을 얻어 약함에서 강함으로 나아가기기를 간절히 기도한다.

From Weakness

To Strength

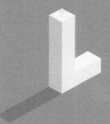

Part 1

리더,

하나님 앞에서

울다

네가 너를 위하여 큰일을 찾느냐?
그것을 찾지 말라.

– 예레미야 45장 5절

Chapter 1

야망이라는
덫에 걸리다

때로 하나님은 우리에게 꿈의 직업을 주신 뒤에 다시 거두어 가신다. 아마도 이것은 우리에게 베푸시는 가장 큰 사랑일 것이다.

2007년 한통의 전화가 걸려왔다. 그 해는 내가 미주리 주 세인트루이스에서 폭발적인 성장을 거듭하는 에너지 넘치는 선교적 교회를 이끈 지 4년째 되는 해였다. 나는 리더로서 큰 보람을 느끼고 있었다. 그 지역의 목사인 대린(Darrin)과 앤드류(Andrew)를 정기적으로 만나 형제와 같은 우정을 나누며 함께 이 도시를 어떻게 섬길 수 있을지 꿈을 꾸고 구체적인 방법을 의논했다.

커버넌트 신학교(Covenant Seminary)에서 설교학을 가르치는 것도 큰 기쁨이었다. 딸들은 학교에서 별 탈 없이 친구들과 두루 친하게 지냈다. 나는 그곳의 친구들과 깊은 우정을 나누고 있었다. 부모님은 불과 몇 킬로미터 떨어진 곳에 사셨고, 나머지 친척들도 차로 반나절 거리 안에 모여 있었다. 이렇게 모든 것이 완벽하다보니 평생 이곳에서 이 좋은 사람들과 부대끼며 살고 싶었다. 그런데 갑자기 뉴욕에서 나를 불렀다.

꿈에 그리던 팀 켈러 목사와의 사역

당시 나는 10년 넘게 교회 개척자요 목사로 사역하고 있었다. 리디머 장로교회(Redeemer Presbyterian Church)의 창립목사인 팀 켈러(Tim Keller)는 내 설교와 목회, 비전에 다른 모든 사람을 합친 것보다도 큰 영향을 미쳤다. 신학교 시절부터 나는 팀 켈러 목사의 설교와 비전, 리더십을 철저히 연구했다. 이런 자기주도적 '원거리학습'을 통해 도심 목회에 대한 매력을 느끼고 있었다.

한편, 팀 켈러 목사는 리디머교회의 대표(executive director) 브루스 테렐(Bruce Terrell)을 통해 나에 관하여 듣고 있었다. 두 사람은 리디머교회의 방대한 소그룹 네트워크를 담당할 책임자를 물색하는 중이었다. 그 역할을 맡으면 리디머교회에서 설교할 기회가 주어질 가능성이 있었고, 리더십과 설교에서 두각을 나타내면 팀 켈러 목사의 후계자 중 한 명이 될 수 있었다(승계와 함께 5천 명이 출석하는 맨해튼의 교회는 각자 따로 담임목사를 둔 네 개의 교회로 분리될 예정이었다).

온 가족이 뉴욕 시로 이사하는 문제를 놓고 거의 6개월간 기도하고 상담을 받았다. 신중한 고민한 끝에 우리 부부는 그 부름에 응하기로 결정했다. 일단 결정을 내리고 나자 우리 가족은 일사천리로 모든 것을 정리하고 맨해튼 북서부에 있는 방 두 개와 화장실 하나가 있는 24평 크기의 연립주택으로 이사했다.

결국 우리는 뉴욕 시와 리디머교회, 그리고 하나님이 우리 주변으로 보내 주신 사람들과 깊은 사랑에 빠졌다. 소그룹 사역은 교회 창립 이래 최고의 참석률을 달성했고, 곧 나는 설교자로 합류하게 되었다. 4년 동안 그 도시에서 장기적으로 사역하기 위한 훈련을 받은 끝에 네 명의 담임목사 중 한 명으로 선택되었다.

내가 존 웨슬리(John Wesley)의 유명한 '언약 기도'(Covenant Prayer)를 처음 들은 것은 담임목사 임명 예배 자리에서다. 그 기도는 다음과 같다.

저는 더 이상 제 것이 아닌 당신의 것입니다. 무엇이든 당신이 원하시는 일을 맡겨 주시고 당신이 원하시는 사람들의 곁에 두소서. 저를 활동하게 하시거나 고난받게 하소서. 당신을 위해 저를 사용하시거나 쉬게 하소서. 당신을 위해 저를 높이거나 낮추소서. 저를 꽉 차게 하시고 저를 텅 비게 하시며 제게 모든 것이 있게 하시고 아무것도 없게 하소서. 저의 모든 것을 당신이 기쁘신 대로 쓰시도록 기꺼이 내놓겠습니다. 영광스럽고도 복된 성부 성자 성령 하나님, 당신은 제 것이며 저는 당신의 것입니다. 그렇게 되게 하소서. 지금 이 땅에서 맺어진 언약이 하늘에서 이루어지게 하소서. 아멘.

보통의 대표 기도에서 잘 듣기 힘든 부분에 주목해 보자. 누가 자신을 낮춰 달라고 기도하는가? 누가 고난을 달라고 기도하는가? 그날 밤 예비 담임목사 네 사람에게 웨슬리의 기도가 선포될 당시만 해도 '항복'에 해당하는 부분들이 실제로 나와 아내, 우리 딸들을 향한 예언적인 메시지였다는 점을 전혀 알지 못했다. 그로부터 불과 1년 만에 리디머교회의 장기적인 방향은 급변하게 되었다. 타이밍과 자원, 지속 가능성, 전략과 관련된 이유들로 인해 리디머교회의 장로들은 네 개의 교회로 분리한다는 계획을 세 개로 축소했다. 그리고 그에 따라 네 명의 담임목사이자 미래의 후계자도 세 명으로 줄어야만 했다. 전혀 계획에 없던 일이었지만 안타깝게도 이런 일이 실제로 벌어지고 말았다. 켈러 목사와 장로들은 기존의 네 명의 담임목사를 모두 품고 가기 위해 여러 가지 절충안을 놓고 고민했다. 끝내 많은 기도와 논의 끝에 결국 우리 중 한 명이 사임을 하게 되었고, 그 한 명은 바로 내가 되었다.

절묘한 하나님의 섭리를 배우다

상황으로 인한 어쩔 수 없는 결정이었지만 나는 평생의 꿈을 잃은 것처럼 가슴이 아플 수밖에 없었다. 되돌아보면 하나님이 한동안 내게 '꿈의 도시'에서 '꿈의 직업'을 주셨다가 이내 다시 거두어 가신 이유들이 눈에 들어온다. 그 이유 중 하나는 내슈빌 그리스도 장로교회(Christ Presbyterian Church)에서의 내 목회가 불과 5년 만에 꿈꾸던 수준을 훨씬 뛰어넘었다는 것이다. 게다가 지금은 내슈빌이 마치 어릴 적부터 살아왔던 '고향'처럼 느껴진다. 어떤 면에서 나는 꿈의 직업을 '돌려받았다.' 아니 몇 갑절로 돌려받았다.

나중에 알게 된 일이지만 그리스도 장로교회는 30여 년 전 팀 켈러 목사 부부를 뉴욕으로 보내 리디머교회를 세우게 하는 데 큰 역할을 한 교회였다. 이제 반대로 내가 뉴욕에서 5년 동안 팀 켈러 목사와 나란히 사역하면서 배운 리더십과 비전을 다시 내슈빌로 옮겨가고 있다. 현재 내슈빌이 모든 면에서 뉴욕처럼 변해가고 있으니 이 얼마나 놀라운 섭리인지 모르겠다.

실제로 〈뉴욕 타임스〉(New York Times)는 내슈빌을 "제3의 해변"(The Third Coast)이라고 부른 바 있다. 그만큼 창의성과 기업가 정신이 살아서 숨을 쉬고 문화 형성을 주도하며 급속도로 도시화 되어 가고 있다는 뜻이다. 예전에는 바이블 벨트의 버클(Buckle of the Bible Belt, 개신교의 바티칸이라 불릴 정도로 기독교가 강한 지역-역주)로 통했던 내슈빌은 현재는 '남부의 아테네'(Athens of the South, 파르테논 신전을 실물 그대로 복원하는 등 그리스풍의 건축물이 많아 붙여진 별칭으로 컨트리 뮤직의 도시-역주)로 변해가고 있다. 에너지가 넘쳐서 주변 멀리까지 영향력을 발휘하는 도시가 되고 있다. 이제 나는 뉴욕을 떠나기 전 팀 켈러 목사가 마지막 아침식사 자리에서 내게 했던 말의 의미를 완벽히 이해한다. "솔즈 목사님, 이렇게 보내게 되어 죄송스럽습니다. 하지만 가만히 생각해 보면 참으로 절묘한 하나님의 섭리입니다. 목사님은 내슈빌의 미래의 모습에서 내슈빌로 가는 겁니다."

또한 나는 웨슬리의 기도와 뉴욕에서의 경험을 통해 내가 나 자신의 것이 아니라 값으로 사신 바 된 것이라는 사실을 깨달았다. 더불어 내 인생을 향한 하나님의 계획은 때로 이해가 되지 않기도 언제나 나 자신의 야망보다 좋다는 사실을 배웠다. 사실, 내 인생 과 내 가족, 내 목회로 무엇을 할지는 전적으로 하나님의 권한이다. "무엇이든 당신이 원하시는 일을 맡겨 주시고 … 당신을 위해 저를 사용하시거나 쉬게 하소서."

이 귀한 진리를 전해 준 존 웨슬리에게 감사한다. 그리고 고난을 받은 욥과 고난을 당하신 예수님께 감사한다. "… 주신 이도 여호와시요 거두신 이도 여호와시오니 여호와의 이름이 찬송을 받으실지니이다"(욥 1:21).

"아버지여 … 내 원대로 마시옵고 아버지의 원대로 되기를 원하나이다"(눅 22:42).

뉴욕에서의 경험을 통해 배운 것이 또 하나 있다. 바로 야망의 본질에 관한 교훈이다. 야망은 경건하고 순수할 수도 있고, 정반대로 이기적이고 부패할 수도 있다.

한편으로는 나는 주님을 기쁘시게 하기 원해서 기꺼이 모든 것을 내려놓고 그분을 따른 베드로와 같다(마 19:27-29). 나는 타지에 있든 고향에 있든 예수님을 기쁘시게 하는 것을 야망으로 삼았던 바울과 같다(고후 5:9). 다른 한편으로 나는 마술사 시몬과 같다. 마술사 시몬을 기억하는가? 시몬은 베드로나 바울과 달리 이기적이고 부패한 야망으로 불탔던 인물이다. 시몬은 하나님의 영광을 위하여 자신을 바칠 마음이 추호도 없었다. 오히려 예수님을 '자신의 영광'을 위한 종으로 이용할 생각뿐이었다.

시몬이 사도들의 안수로 성령 받는 것을 보고 돈을 드려 이르되 이 권능을 내게도 주어 누구든지 내가 안수하는 사람은 성령을 받게 하여 주소서 하니 베드로가 이르되 네가 하나님의 선물을 돈 주고 살 줄로 생각하였으니 네 은과 네가 함께 망할지어다 하나님 앞에서 네 마음이 바르지 못하니 이 도에는 네가 관계도 없고 분깃 될 것도 없느니라(행 8:18-21).

나에게서 시몬의 모습을 찾기가 어려웠다면 무척이나 좋겠지만, 안타깝게도 어렵기는커녕 너무도 찾기 쉬웠다. 뉴욕에 대한 나의 집착은 내 안에 있는 시몬과 비슷한 마음을 적나라하게 드러냈다. 하나님 앞에서 전혀 올바로 서 있지 않은 마음이었다.

사임이 결정되고 나서 3개월 넘게 감정적으로 무너져 내렸다. 단순히 실망한 정도가 아니었다. 실망 정도야 인간으로서 당연한 것이겠지만 나는 실망 차원을 넘어 망연자실했다. 인간인지라 그런 상황에서 기분이 좋지 않을 수밖에 없지만 나는 그런 차원을 넘어 불같이 분노했다. 화가 나서 밤잠을 이룰 수 없었고 입맛도 뚝 떨어져 몸무게가 10킬로그램 이상 쭉 빠졌다. 나는 근심과 우울증에 깊이 빠졌다.

정말 나는 모든 꿈과 소망, 야망을 진정으로 하나님 앞에 내려놓았을까? 내 이야기를 쓰는 일이 나 자신이 아닌 하나님께 속했

다고 진정으로 믿었을까? 그랬다면 꿈의 직업이 내 손에서 빠져나
갈 때 깊이 실망했겠지만 그렇게까지 무너져 내리지는 않았을 것
이다.

생각해 보면 이 경험은 리디머교회와 그리스도 장로교회에
최선일 뿐만 아니라 우리 가족에게도 최선이었다. 사실, 하나님은
그분의 자녀를 최선이 아닌 길로 이끄시는 법이 절대 없다. 만약
우리가 하나님이 예비하신 모든 것을 볼 수 있다면 그분의 길은 언
제나 완벽해 보일 것이다. 특히, 그 일은 내게 모든 리더가 배우고
또 늘 되새겨야 할 두 가지 교훈을 일깨워 주었다.

두 가지 교훈

첫 번째 교훈, 실패와 실망스러운 일은 우리 영혼의 상태를 드
러낸다.

내가 무너져 내린 이유는 무엇보다도 내 마음속에 오랫동안
자리하고 있었던 성공과 명예의 우상들 때문이었다. 뜨거운 물이
마른 티백에서 차를 우려내듯이 뉴욕에서의 일은 내 안의 추악한
야망을 끄집어내는 촉매제가 되었다. 나도 모르는 사이에 나는 글
로벌 도시에서 유명 가문과 명문대 출신의 각계 지도층 인사 수천
명을 목회하는 것이 내 존재의 이유라는 거짓된 생각에 빠져 있었

다. 무의식 속에서 나는 도널드 밀러(Donald Miller)의 책에서 소개된 코미디언 톰 아놀드(Tom Arnold)처럼 살고 있었던 것이다.

> 톰 아놀드가 저서 *How I Lost Five Pounds in Six Years*(어떻게 내 몸무게가 6년 만에 5파운드나 빠졌나?)에 관한 인터뷰를 한 글을 읽은 적이 있다. 기자는 그 책을 쓴 이유를 물었는데 나는 아놀드의 솔직한 답변에 적잖이 놀랐다. 아놀드는 연예계에 종사하는 대부분의 연예인들은 내면이 무너진 사람들이기 때문에 인정을 갈구한다고 말했다. "제가 이 책을 쓴 이유는 사람들로부터 좋아한다는 말을 듣고 싶기 때문이에요. 사실, 이건 제가 하는 거의 모든 일의 이유죠."[1]

아놀드의 말에서 '연예계'를 '목회'로, '연예인'을 '목사'로 바꿔도 전혀 이상하지 않다. 배경만 다를 뿐, 목사나 연예인이나 똑같은 문제를 안고 살아간다. 코미디나 목회처럼(예술이나 사업, 양육, 의료, 교육, 정치도 마찬가지) 본래 좋은 일도 오직 예수님만이 채워 주실 수 있는 사랑과 존중, 칭찬, 인정의 갈망을 채우기 위한 수단이 될 때 그릇된 일로 변질된다. 우리는 예수님을 통해 하나님 앞에서 이미 유명한 존재다. 이것만으로 충분히 만족해야 한다.

뉴욕에서 그 일을 겪은 지 몇 년이 지난 현재의 내 마음과 야망이 좀 더 건강한 상태로 변해 있기를 소망한다. 스스로 내 이야기의 주인공, 아니 모든 이야기의 주인공이 되겠다는 무의식적인 욕망이 줄어들고 있기를 바란다. 예수님이 흥하시고 나는 쇠하는 것을 원하며 사는 것으로 변하고 있다면 좋겠다. 이제 내가 예수님이 내 이야기의 조연이 되기를(생각만 해도 끔찍하다!) 바라기보다는 내가 그분의 이야기의 조연이라는 역할에 충분히 만족하는 사람으로 변해가고 있기를 기대해 본다. 앞으로 내 꿈과 야망이 방해를 받거나 좌절되어도 욥과 예수님처럼 기꺼이 모든 것을 내려놓고 다음과 같은 지혜로운 옛 찬송의 메시지를 믿을 수 있는 사람으로 변해가고 있기를 소망한다. 내 꿈과 야망은 결국 무너질 테니 반드시 그런 사람으로 변해가야만 한다.

> 하나님이 정하시는 것은 뭐든지 옳다네.
> 늘 하나님 곁에 서리라.
> 슬픔이나 부족, 죽음이 찾아와도
> 나는 버림을 받은 것이 아니네.
> 내 아버지가 언제나 나를 돌봐 주시네.
> 내가 넘어지지 않도록 붙잡아 주시네.
> 그러므로 그분께 모든 것을 맡기리.

추상적인 얘기처럼 들릴지도 모르지만 그리스도인의 삶에서는 이런 종류의 믿음이 구체적으로 표현될 수 있다. 예를 들어, 내 친구의 경우가 그렇다. 여기서는 그냥 테드(Ted)라고 부르자. 테드는 변호사인데 선하고도 정직한 마음 때문에 오히려 회사에서 쫓겨났다.

하루는 상관이 테드를 은밀히 불렀다. 상관은 테드에게 일자리를 잃고 싶지 않으면 한 고객의 자산을 거짓으로 보고하라고 지시했다. "이 고객의 자산을 솔직히 공개하면 그의 사업이 망하고, 그렇게 되면 회사의 매출에 커다란 타격을 입을 수밖에 없어. 무슨 말인지 알겠지?"

하지만 누구보다도 예수님께 충성하는 테드는 도저히 양심을 속일 수 없어 상사의 지시를 정중히 거절했다. 이 사건으로 인해 그는 해고되었다. 하루아침에 실업자 신세가 된 것도 가혹한데, 시련은 거기서 끝이 아니었다. 나중에 알고 보니 그 상사는 그 지역에서 테드가 지원할 만한 모든 법률 회사들에 테드의 험담을 해서 사실상 그가 고향에서 재취업할 길을 원천봉쇄해 버렸다. 그로 인해 테드는 2년이라는 긴 세월 동안 실직자로 지내야 했다. 2년은 테드 뿐만이 아니라 사랑하는 아내와 세 자녀에게도 지독한 고통의 세월이었다.

2년의 기간 중 예배가 끝난 후에 테드를 만난 적이 있다. 나는 휘발유를 사서 전 회사에 불을 질러버리고 싶지 않느냐고 농담 조로 물었다. 그때 테드는 웃지만 사뭇 진지한 눈으로 나를 똑바로 쳐다보며 내가 평생 잊지 못할 말을 했다.

"복수는 절대 없습니다."

앞서 말했듯이 압박이 심한 상황에 직면하면 우리 안에 있는 것, 무엇이든 우리 안에 '항상' 있어 왔던 것이 밖으로 나오게 되어 있다. 우리는 어떤가? 우리의 꿈과 야망이 죽을 때, 영향력이나 평판, 꿈꾸던 직업을 잃을 때, 내 친구 테드처럼 지독한 불의와 배신을 겪을 때, 무엇이 드러날 것인가? 우리의 마음이 하나님 앞에서 올바로 서 있는가? 예수님의 말씀처럼 "세상에서 믿음을 보겠느냐?"(눅 18:8을 보시오)

두 번째 교훈, 성공과 성취는 예수님을 대체할 만한 것이 못 된다.

자신과 성취에서 행복을 찾으면 반드시 실망하게 된다. 일단, 당신이 당신 자신을 얼마나 실망시켰는지 곰곰이 돌아보라. 그러고 나서 C. S. 루이스의 말을 들어보라.

하늘을 노리면 땅을 덤으로 얻을 것이다.
땅을 노리면 둘 다 얻지 못할 것이다.[2]

나는 '유명한' 도시에서 '유명한' 사람들에게 둘러싸여 목회하는 것을 우상으로 삼고 살다가 뼈아픈 경험을 통해 이 교훈을 얻었다. 지금은 그런 생각이 얼마나 어리석은지를 분명히 안다. '하찮은 장소와 하찮은 사람은 없다'는 프란시스 쉐퍼(Francis Schaeffer)의 말이 얼마나 옳은지를 안다.

예수님은 베들레헴이라는 잘 알려지지 않은 시골 마을을 탄생지로, 좀 더 알려졌지만 좋은 평판이 아닌 나쁜 평판으로 유명한 나사렛이란 마을("나사렛에서 무슨 선한 것이 날 수 있느냐?"-요 1:46)을 일시적인 고향으로 삼으셨다. 또한 예수님은 지혜롭거나 강하거나 고귀한 가문 출신이 아닌 사람들을 통해 하나님의 나라를 건설하셨다(고전 1:26). 그런데 그분의 이름으로 목회하는 내가 어찌 감히 그분과 다르게 행동하거나 생각할 수 있겠는가!

최근에는 루이스와 쉐퍼의 지혜를 좀 더 즐겁고 행복한 방식으로 배우게 되었다. 내슈빌과 그리스도 장로교회가 여러 모로 뉴욕과 리디머교회의 모습과 비슷하고 많은 사람이 우리를 보며 "성공 스토리"를 가졌다고 말하지만 지금 나의 성공관은 과거와는 사뭇 다르다.

지난 3년은 우리에게 특히 풍성한 시절이었다. 예를 들어, 우리 부부는 얼마 전에 결혼 23주년을 맞았다. 아내는 어떠할지 모르겠지만 아내를 향한 내 사랑은 분명 이전보다 훨씬 깊어졌다. 아내와 함께 늙어가는 것이 그렇게 행복할 수가 없다. 아내를 잘 아는 사람들은 하나같이 그녀에게서 그리스도의 향기가 풍기고 성령의 열매가 보인다고 말한다. 보는 사람마다 아내가 이타적이고 푸근하며 사려 깊고 사랑스러우며 친절하다고 말한다. 아내는 완벽하지는 않지만 너무나도 아름다운 사람이다. 다들 나에게 결혼을 참 잘했다고 말한다.

나의 첫째 딸 애비(Abby)는 대학교 1학년을 막 마쳤다. 아직 십대이지만 어떤 면에서는 어른보다도 더 어른스럽다. 모두가 어리석거나 가혹하게 행동할 때 애비는 무리에 휩쓸리기보다는 자신의 신념을 따른다. 시간이 날 때마다 장애아들과 놀아 주는 기특한 청년이다. 작년 여름에는 불우한 가정에서 자라는 유아들을 위한 캠프에서 보조 교사로 활동했다. 금년 여름에는 난민들을 위한 사역에 온 정열을 쏟았다.

막내딸 엘리(Ellie)는 고등학교 1학년을 막 마쳤다. 엘리는 뭐든 열심히 하고 따뜻한 마음을 가졌다. 엘리가 가는 곳마다 마음의 온기가 사방을 순식간에 따뜻하게 데워 준다. 엘리는 주변 사람에게 일일이 관심을 쏟아 주고 도움을 준다. 낯선 이들도 엘리 앞에서는 편안해한다. 제 어미처럼 누구에게도 담을 쌓지 않고 모두에게 친구가 되어 준다. 연민과 배려, 정직이 돋보인다. 숙녀로 자라가고 있는 엘리가 자랑스러워 견딜 수 없다.

목회 측면에서 나는 그 어느 때보다도 승승장구하고 있다. 부임한 이후로 그리스도 장로교회는 눈부신 부흥을 거듭했다. 사역자들은 단합했고 사기는 그 어느 때보다도 높다. 당회는 늘 진취적이며, 심각한 교회 사업을 의논할 때도 훈훈한 분위기다. 우리는 사소한 일에 열을 올리지 않고 중요한 일에 집중할 줄 안다. 세상의 성공 기준으로 본다면 분명 우리는 성공했다. 5년 사이에 우리 교회의 주일예배는 한 번에서 세 번으로 늘어났고, 예배당도 한 곳에서 두 곳으로 늘어났다. 현재 우리 교인의 70퍼센트는 지난 5년 사이에 등록한 사람들이며, 지금도 교회의 새 신자 예배는 새로온 이들로 꽉 찬다. 한때 나는 이런 숫자에서 기쁨을 찾았다. 하지만 이런 숫자는 우리 도시를 섬기는 일만큼 중요하지 않다.

"그런 것으로 기뻐하지 말라"

뉴욕 시의 리디머교회처럼 우리 교회도 교회 담 안보다는 도시 전체와 세계에 주로 투자한다. 우리의 주된 관심사는 교회의 보존이 아니라 그리스도인들이 정말로 중요한 문제에서 세상과 문화에 사려 깊게 참여하고 일터에서 믿음을 실천하며 가난하고 소외된 사람들을 돌보도록 만드는 데 있다. 이런 노력 속에서 나는 세상 누구보다도 사랑이 많고 베풀기를 좋아하는 멋진 사람들과 함께 목회하고 있다. 앞으로 또 어떻게 될지 모르지만 적어도 지금은 내 삶은 풍요로움 그 자체이다.

이 모든 복에 관해 생각하다가 제자들의 '성공'과 '영향력'이 '최고조'에 달한 순간 예수님이 그들에게 주의를 주셨던 사실이 떠올랐다.

> 칠십 인이 기뻐하며 돌아와 이르되 주여 주의 이름이면 귀신들도 우리에게 항복하더이다 예수께서 이르시되 사탄이 하늘로부터 번개 같이 떨어지는 것을 내가 보았노라 내가 너희에게 뱀과 전갈을 밟으며 원수의 모든 능력을 제어할 권능을 주었으니 너희를 해칠 자가 결코 없으리라 그러나 귀신들이 너희에게 항복하는 것으로 기뻐하지 말고 너희 이름이 하늘에 기록된 것으로 기뻐하라 하시니라(눅 10:17-20).

어떤 상황인지 알겠는가? 놀라운 능력과 영향력, 성공에 관한 소식을 가지고 신이 나서 돌아온 제자들에게 예수님이 하신 말씀은 "그런 것으로 기뻐하지 말라"였다.

하나님이 성공을 주시거나 순풍을 보내오실 때, 물론 우리는 기뻐해야 마땅하다. 하지만 그 성공에 집착해서는 안 된다. 모든 세상적인 성공은 하나님이 주시는 선물이지만 어디까지나 일시적이기 때문이다. 주님은 식전 음식이 전체 요리를, 사과 하나가 과수원을, 목적지를 가리키는 도로표지가 목적지를 대신해서는 안 된다고 말씀하신다. 이번에도 C. S. 루이스에게서 이에 관한 훌륭한 지혜를 배울 수 있다.

> 하나님은 우리의 바람(즉 우리의 야망)이 너무 강하기는커녕 너무 약하다고 말씀하신다. 우리는 무한한 기쁨을 제시받고도 뜨뜻미지근한 반응을 보이며 술과 섹스와 야망이나 만지작거리는 자들이다. 마치 해변에서의 휴가를 제시받은 것이 어떤 의미인지를 이해하지 못해 계속해서 빈민가에서 진흙 파이나 만들겠다고 고집을 부리는 무지한 아이와도 같다. 우리는 너무 쉽게 만족한다.[3]

긍정적 야망을 발견하다

이기적인 욕구나 채워 주는 작고 사소한 것에 만족하고는 한다. 하지만 루이스의 말은 이기적인 야망은 하나님의 형상을 따라 창조된 방대한 인간 영혼을 만족시킬 능력이 없음을 상기시켜 준다. 어거스틴(Augustine)의 말처럼 하나님은 자신을 위해 우리를 지으셨다. 따라서 우리의 마음은 하나님 안에서 쉼을 찾기 전까지는 안정될 수 없다.

　　루이스의 이 지혜는 유명한 극작가 테네시 윌리엄스(Tennessee Williams)가 말한 "성공이라는 재앙"에서부터도 우리를 지켜 준다. 윌리엄스는 운동력, 영향력, 지위, 명예, 칭찬 같은 것이 모두 그 자체로는 좋지만 장기적으로 우리를 지탱해 줄 수는 없다는 것을 잘 알았다. 윌리엄스는 브로드웨이 연극 〈유리 동물원〉(The Glass Menagerie)이 상연되자마자 엄청난 성공을 거둔 일을 돌아보며 다음과 같이 썼다.

　　　사실상 무명인에서 거의 하루아침에 유명해졌다. … 자리에 앉아 나에 관해 생각하다가 갑자기 한없이 우울해졌다. … 나는 룸서비스로 생활했다. 하지만 이것도 결국 지겨워졌다. … 곧 사람들에게 냉담해졌다. 내 안에서 냉소의 우물이 솟아났다. … "당신의 연극을 너무 좋아해요!"라는 말이 지루해져서 더 이상 감사하다는 말도 나오지 않았다. … 연극 자체에 대한 자신감도 사라져 오히려 연극이 싫어지기 시작했다. 아마도 더 이상 연극을 쓸 수 없을 만큼 내면이 삭막해졌기 때문이리라. 나는 살아 있으나 죽은 사람이나 다름없었다. … 혹시 당신은 아는가? 유명해졌을 때 당신의 대외적인 모습은 거울을 보며 창조해 낸 허구일 뿐이다.[4]

윌리엄스를 비롯해서 무지개의 끝에서 황금 항아리를 발견하지 못한 모든 이들의 이야기는 인간 마음에 관한 보편적인 진리를 증명해 준다. 그 진리는 바로 그 정사와 평강이 끝없이 더해지는 분(사 9:7), 곧 예수님만이 우리를 지탱해 주실 수 있다는 것이다. 부활을 통해 우리에게 만물을 새롭게 하실 것이라는 확신을 주는 분 곧 예수님만이 우리의 가장 깊은 욕구를 채워 주시고 우리에게 진정으로 행복한 결말을 주실 수 있다.

오직 예수님만이 모든 슬픈 것을 회복시켜 주실 수 있다.[5] 오직 예수님만이 이전과는 다른 더 나은 미래를 보장해 주실 수 있다.[6] 모든 이름 위에 뛰어난 이름을 갖고 계신 분, 그 이름 앞에 만인이 무릎을 꿇게 될 분, 바로 예수님만이 우리에게 영원히 지속될 이름을 주실 수 있다(빌 2:9-10; 사 56:5).

따라서 나 자신의 이름을 떨치는 것보다 예수님의 이름을 높이는 것이 긍정적인 야망이라는 점을 깨달아야 한다. 예수님을 떠나서는 모든 사람, 심지어 가장 큰 야망으로 가장 성공한 사람조차도 증기처럼 사라질 뿐이다.

이 백성은 실로 풀이로다. 풀은 마르고 꽃은 시드나 우리 하나님의 말씀은 영원히 서리라(사 40:7-8).

마지막으로, 이렇게 말해도 야망에 관한 건강하고 겸손한 시
각을 얻지 못하는 자들에게는 앤 라모트(Anne Lamott)의 처방이 특
효약이 아닐까 싶다.

지금부터 백 년 뒤에는?
모두가 새로운 사람들.[7]

그 해가 돌아와 왕들이 출전할 때가 되매 …
다윗이 그의 침상에서 일어나 왕궁 옥상에서 거닐다가
그곳에서 보니 한 여인이 목욕을 하는데 …
다윗이 전령을 보내어 그 여자를 자기에게로 데려오게 하고 …
더불어 동침하매.
—사무엘하 11장 1-2절, 4절

Chapter 2

영적 고립,
도덕적 몰락의 지름길이다

성경은 인간의 상황을 잘 안다. 성경은 인간에게 큰 선한 행위와 '동시에' 막대한 악의 잠재력이 존재함을 보여 준다.

대학원 시절 하나님이 내 학우들을 선하게 사용하신 일을 돌아보면 감사하기 그지없다. 그중 두 명은 현재 나와 함께 우리 교회에서 목사로 섬기고 있다. 다른 한 명은 우리 교회에서 찬양을 맡고 있고, 10년 넘게 자신이 섬기는 대학뿐 아니라 전국의 여러 대학에서 학생들에게 선한 영향을 끼치고 있다. 그 외에 훌륭한 저자나 교사, 상담자, 목사, 철학자가 된 동창들도 많다.

하지만 안타깝게도 불륜에 빠져 이혼하거나 가족을 버리고 마약에 손을 대거나 기독교를 아예 떠난 동창들도 있다. 함께 공부하며 기독교의 미래를 꿈꾸던 친구들의 도덕적 몰락을 보는 것은 여간 슬픈 일이 아니다.

문득 한 유명 목사에 관한 이야기가 생각난다. 그 목사가 담임하는 교회에서 전도사로 시무했던 사람에게 들은 이야기다. 한번은 모든 교역자가 모인 회의 자리에서 그 목사는 사탄이 자신을 수만 가지 방법으로 시험할 수는 있지만 단 하나, 자신의 가정만큼은 건드릴 수 없다고 호언장담했다. 하지만 그 전도사에 따르면 그 회의가 있은 지 1년도 채 되지 않아 그 목사는 유부녀와의 불륜이 발각되고 말았다. 목사는 물론이고 모든 리더들은 이런 이야기를 들을 때마다 자신의 약함을 겸손히 인정할 수밖에 없다.

도덕적 몰락에 빠진 리더들

우리가 얼마나 연약한지를 보여 주는 것은 성경 속의 옛 이야기들만이 아니다. 리더들, 심지어 모두가 존경해 마지않았던 그리스도인 리더들의 도덕적 몰락에 관한 이야기가 매일같이 쏟아져

나온다. 모든 리더, 심지어 가장 도덕적인 리더들도 언제든지 상상도 못할 죄에 빠질 가능성이 있다.

생각해 보라. 믿음의 아버지라고 불리는 아브라함이 피해를 입을까봐 두려워 아내를 음욕에 불타는 악인들에게 '두 번이나' 내어 주었다면 우리는 자신을 보존하기 위해 남들을 위험에 빠뜨리기가 얼마나 더 쉽겠는가. 이스라엘 열두 지파의 조상인 야곱이 장자의 권리를 빼앗기 위해 거짓말을 했다면 우리는 거짓말쟁이로 변하기가 얼마나 더 쉽겠는가. 예수님의 조상 리스트에 당당히 이름을 올린 라합이 몸을 팔아 살았다면 우리는 부도덕한 생각과 행동으로 흐르기가 얼마나 더 쉽겠는가.

열두 제자 중 한 명이며 신약성경 중 두 개를 기록한 베드로도 예수님에 의해 회복된 '뒤에도' 이방인들이 뭐라고 말할까 두려워 공포에 시달렸다. '위로의 사람'으로 통했던 바나바와 나란히 동행했던 사람도 무너진 적이 있다면, 우리는 예수님이 포용하시는 사람들을 배척하기가 얼마나 더 쉽겠는가. 시편에서 아름다운 찬양의 시를 선보이고 하나님께 직접 "하나님의 마음에 맞는 사람"이란 찬사를 들었던 다윗 왕이 가장 충성스러운 부하의 아내인 밧세바와 동침하기 위해 권력을 남용하고 나서 그 일을 은폐하기 위해 충성스러운 부하인 밧세바의 남편을 죽음의 덫에 몰아넣었다면 우리는 남들에게서 원하는 것을 얻기 위해 자신의 힘을 남용하기가 얼마나 더 쉽겠는가.

교회 역사 속의 많은 거인들도 빼놓을 수 없다. 존 칼빈(John Calvin)은 한 사람이 단지 기독교 교리를 받아들이지 않았다는 죄목으로 처형당한 일에 참여했다. 마르틴 루터(Martin Luther)는 인종주의적이고 반유대주의적인 발언들을 했다. 조나단 에드워즈(Jonathan Edwards)는 죽는 날까지 노예를 소유했다. 마틴 루터 킹 주니어(Martin Luther King Jr.)는 전국을 돌며 말씀을 전하고 공민권 운동을 이끄는 와중에 불륜을 저질렀다.

한편으로, 이런 리더들의 이야기가 나에게는 이상하게 위로와 격려가 된다. 이들에게 희망이 있었다면 나 같은 자에게도 희망이 있지 않겠는가. 다른 한편으로, 이런 어리석음과 죄에 관한 이야기는 우리가 다르게 살기로 마음을 먹는 계기가 되어야 한다. 이들의 이야기는 마음을 지키는 것이 얼마나 중요한지를 가르쳐 준다. 우리의 마음, 특히 자신은 절대 죄에 빠지지 않을 수 있다고 자신하는 마음일수록 죄에 더 취약하기 때문이다.

사도 바울은 이렇게 말했다. "그런즉 선 줄로 생각하는 자는 넘어질까 조심하라. 사람이 감당할 (흔한) 시험 밖에는 너희가 당한 것이 없나니"(고전 10:12-13).

혹시 절대 죄에 빠질 일이 없다고 자신하는가? 도토리를 보면서 그 작은 것이 절대 상수리나무나 숲을 이루거나 산불이 될 수 없다고 생각하는가? 우리 마음속의 죄는 도토리다. 부서지지 않으면 얼마든지 싹이 트고 나무가 되고 광활한 숲이 될 힘을 갖고 있다.

바로 이것이 예수님이 산상수훈에서 간음만이 아니라 마음속의 정욕도 경고하신 이유 중 하나다. 이것이 예수님이 살인만이 아니라 마음속의 원한도 경고하신 이유이기도 하다. 모든 불륜은 '별로 해롭지 않은' 생각이나 힐끗거림에서 시작되고, 모든 살인은 대수롭지 않아 보이는 원한에서 시작된다.

우리 마음의 취약한 영역마다 도토리가 싹을 내기 전에 부수어 버리고, 싹이 나무로 자라기 전에 뽑아 버리고, 나무가 숲으로 발전하기 전에 찍어 버리고, 숲이 점점 더 많은 땅을 뒤덮기 전에 갈아엎어야 한다.

하나님은 가인에게 말씀하셨다. "죄가 문에 엎드려 있느니라 … 너는 죄를 다스릴지니라"(창 4:7). 가인아, 죄가 너를 지배하지 않도록 죄를 지배하라. 가인아, 죄가 너와 네 주변의 모든 사람을 부수지 않도록 죄를 부수라.

지혜로운 청교도 존 오웬(John Owen)은 "죄를 죽이지 않으면 죄가 당신을 죽일 것이다"[1]라는 말을 했다. 록 스타 핑크(Pink)도 자신만만해하는 모든 리더, 아니 모든 인간이 매일의 후렴구로 삼아야 할 노래를 불렀다.

나는 나 자신의 위험 요소.

내가 나를 해치게 놔두지 마.[2]

비단 다윗만의 문제일까

이것이 다윗 왕의 문제였다. 다윗의 간음과 살인은 흔히 대수롭지 않게 여기는 죄에서 시작했다. 첫째, 그는 리더로서의 의무를 점점 소홀히 하기 시작했다. 밧세바 사건은 모두 전쟁터에 나갔을 때 발생했다. 당시 이스라엘 군대는 암몬 군대와 싸우고 있었고, 밧세바의 남편 우리야도 전장에 나가 있었다. 하지만 부하들을 이끌고 선봉에 서야 할 다윗은 성 안에 고립되어 편안한 집안에 앉아 있었다.

이처럼 많은 리더가 공동체와 책임감에서 벗어난 탓에 타협의 길로 빠졌다. 다윗이 밧세바를 보고 전령을 보냈을 때가 대낮이며 의자에 앉아서 낮잠을 자고 있었다는 점도 중요하다. 백성들은 치열한 전쟁터에서 땀과 피를 흘리며 목숨을 걸고 싸우고 있는데 왕이 편안한 성 안에서 한가로이 낮잠이나 자고 있다.

다윗은 왜 부하들과 함께 싸우러 나가지 않았을까? 정확한 이유는 알 길이 없다. 하지만 혹시 전령을 보내 남의 아내를 취한 것과 같은 이유가 아니었을까? 다윗은 자신이 뭐든 원하는 대로 할 자격을 얻었다고 생각했던 것이 분명하다. 생각해 보라. 다윗은 질투에 불타는 사울의 칼날을 피해 수년 동안 동굴을 전전하며 도망자로 살았다. 골리앗을 죽여 이스라엘을 구한 공로도 빼놓을 수 없다. 전쟁 통에 가족이 포로로 잡히고 사랑하는 친구 요나단을 잃은 일도 있었다. 아내 미갈에게 억울하게 수치와 조롱을 당한 일도 뼈저렸다. 다윗은 충성과 정직, 기도의 사람이었다. 죽은 요나단의 장애가 있는 아들 므비보셋을 거두어 정성껏 돌봐 주는 넉넉한 사람이었다. 그는 누구보다도 많은 전투를 벌였다. 이런 사람이 여가를 즐기며 원하는 대로 살 '자격'이 없다면 누구에게 그런 자격이 있단 말인가.

다윗은 이렇게 혼잣말을 했을지도 모른다. "내가 나라와 국민들을 위해 이 한 몸을 불살랐는데 그깟 간통 한 번이 무슨 대수인가. 그래. 그녀가 내 아이를 밴 것을 숨기기 위해 수를 좀 썼다. 그게 뭐 어때서? 세상이 그 아이를 우리야의 자식으로 알도록 우리야를 죽게 만든 게 뭐 그리 큰일인가. 온 나라의 안정이 내 어깨 위에 놓여 있어. 만일 이 일이 새나가면 온 나라가 혼란에 빠질 게 아닌가. 게다가 내가 어디 보통 스트레스와 압박감에 시달리는가? 외로움은 또 어떻고? 내 상황을 아무도 몰라. 나는 이 정도는 할 자격이 있어."

이것이 팀 켈러가 말한 "권위자의 자기연민"(magisterial self-pity)

이다. 이것은 리더의 특권을 망각하고 자신을 종이 아닌 희생자로, 남들처럼 법 아래에 있는 것이 아니라 법 위에 있는 것으로, 자격 없는 은혜의 수혜자가 아니라 자격 있는 자로 여기는 것을 말한다.

자, 다시 묻겠다. 사탄에게 절대 당하지 않을 자신이 있는가? 나중에 예수님을 한 번도 아닌 세 번이나 부인하고 배신한 베드로처럼 "다 버릴지라도 나는 그리하지 않겠나이다"(막 14:29)라고 호언장담할 수 있는가? 당신이 부인, 배신, 불륜, 살인과 같은 죄를 저지를 가능성은 제로라고 생각하는가?

아니다. 당신은 충분히 그럴 수 있다. 그리고 물론 나도 얼마든지 그럴 수 있다. 행동으로 옮기지 않는 한 음욕이나 험담, 탐욕, 분노를 조금 품는 것까지는 괜찮다는 생각이 문제다. 그런 생각으로 살다간 외간 여자의 침대 위에서 발각되는 날이 생각보다 더 빨리 찾아올 것이다.

지난 2년 사이에 나와 친한 목사 다섯 명이 목회를 그만두었다. 한두 명도 충분히 비극일 텐데 다섯 명이나 넘어졌다. 다섯 명! 이들 대부분은 지역을 넘어 전국적 혹은 전 세계적으로 유명한 저자이며 집회 강사이며 운동 리더였다. 겉으로는 성공의 정점에 있던 사람들이다.

하나님은 지금까지는 내가 이해할 수 없는 이유로 나를 도덕적 몰락으로부터 보호해 주셨다. 내 마음의 연약함과 변덕스러움을 너무도 잘 알기에 그저 신기할 따름이다. 왜 저들은 무너지고 나는 아직 건재할까? 상황만 달랐다면 나도 도덕적으로 무너졌을 거라는 생각을 자주 한다. 찬송가 가사처럼 "우리 맘은 연약하여 범죄하기 쉬우니…." 정말 그렇다. 나는 매일같이 범죄의 유혹을 느낀다. 음욕과 살욕에 불타는 다윗과 자신을 보호하기 바쁜 비겁한 베드로가 늘 내 안에 도사리고 있다.

리더의 길,

휴우, 정말 힘들다.

내 안에 도사리고 있는 또 다른 성경 인물이 있다. 그는 간통이나 살인을 일삼았던 자가 아니다. 자신만 보호하려는 겁쟁이도 아니다.

그는 "나의 하나님은 여호와시다"라는 뜻의 이름을 가진 자다. 그는 누구보다도 용감하게 산 리더였으며 부와 편안, 불충의 길을 단호히 마다하고 하나님께 충성하다가 죽는 편을 선택한 믿음의 용사였다. 그는 수백 명의 거짓 선지자에게 공개적으로 맞서 승리를 거둔 위대한 선지자다. 그는 기도로 하늘에서 비가 내리게 하고 절망만 가득한 과부에게 희망을 전해 준 믿음의 사람이다. 그는 권력자에게 당당히 진리를 선포한 하나님의 사람이다. 그로 인해 악의 화신 이세벨은 그의 명예를 실추시키고 그의 입을 다물게 하고 심지어 그를 죽이기 위해서 무슨 짓이라도 할 만큼 분노에 휩싸였다. 결국 이세벨은 그의 목에 현상금을 걸었다.

이 선지자의 이름은 바로 엘리야다. 그런데 이렇게 대단한 인물도 리더십의 압박과 외로움에 굴복한 적이 있다. 죄에 빠진 것은 아니지만 깊은 절망에 빠졌다. 그는 수많은 승리와 하나님의 풍성한 공급하심을 경험하고도 피곤하고 지쳐갔다. 이세벨이 자신을 죽이려 한다는 소식을 들은 그는 믿음이 흔들려 깊은 절망의 나락으로 떨어졌다(왕상 19:1-8). 완전히 무너져 동굴에 숨어서 자신이 '유일하게' 남은 하나님의 종이라는 착각에 빠져들었다. 그렇게 가장 밑바닥까지 추락한 순간, 그는 수많은 리더가 했을 법한 기도를 드린다.

> 자기 자신은 광야로 들어가 하룻길쯤 가서 한 로뎀 나무 아래에 앉아서 자기가 죽기를 원하여 이르되 여호와여 넉넉하오니 지금 내 생명을 거두시옵소서 나는 내 조상들보다 낫지 못하니이다 하고(왕상 19:4).

위대한 침례교 설교의 왕자 찰스 스펄전(Charles Haddon Spurgeon)은 자신이 가르치는 학생들에게 목회 말고 다른 일을 해서 행복할 수 있다면 그 일을 하라고 조언했다. 그가 그렇게 말한 데는 여러 가지 이유가 있겠지만 가장 큰 이유는 다음과 같은 것이 아니었을까 싶다.

"목사를 비롯한 리더의 길은 정말, 정말 힘들다!"

이십대 중반에 목회자가 되기 위한 공부를 할 당시 나는 지역 신문에 실린 유서를 보았다. 유서의 주인공은 목사였다. 다음과 같은 내용이 포함되어 있었다.

"하나님, 더 강해지지 못한 저를 용서해 주십시오." 목사가 우울증에 빠지면 도움을 호소할 곳이 없다. … 우울증의 소용돌이에 점점 더 깊이 빠져드는 것만 같다. 단 한 번이라도 더 숨을 쉬기 위해 필사적으로 물 밖으로 고개를 내미는 사람처럼 느껴진다. 하지만 아무리 애를 써도 나는 결국 익사할 게 뻔하다.[3]

그는 미주리 주 세인트루이스의 한 대형 교회에서 목회하는 전도양양한 젊은 목사였다. 성경과 기도, 심리치료, 약물에 의지해서 오랫동안 남몰래 우울증과 사투를 벌이던 끝에 결국 더 이상 버

틸 의지를 상실하고 말았다. 지독히 어두운 순간, 이 젊은 리더는 계속해서 악마들을 마주하느니 천사들을 만나러 가는 편이 낫겠다는 결론을 내렸다. 그 '악마들' 중 일부는 교인들이었다. 도저히 부응할 수 없는 그들의 높은 기대가 그 목사를 무겁게 짓눌렀다.

이 목사의 비극적인 자살로 그 지역의 분위기가 뒤숭숭해진 지 몇 달이 지나지 않아 세인트루이스의 또 다른 목사가 역시 남모를 우울증과 싸우다가 스스로 생을 마감했다.

목회자의 길을 준비하던 나로서는 두 목사의 자살 소식이 청천벽력과도 같았다. 예수님을 믿고 말씀을 전하고 복음의 소망으로 남들을 위로하던 다재다능했던 두 리더가 어떻게 스스로 '희망을 잃을' 수 있단 말인가.

두 사람에 관한 소식이 널리 알려지면서 둘 다 목사들이 흔히 겪는 상황에 처했다는 사실이 드러났다. 관계적으로 고립되어 있었다. 특히, 그 고립은 교회 안에서 '더' 심했다. 그들을 향해 '열광하는 팬'은 넘쳤다. 하지만 '진짜 친구'는 거의 없었다.

첫 번째 목사는 유서에서 자신이 덫에 갇혔다는 말을 했다. 그는 고립과 우울증에 빠져 있었지만 옷을 벗게 될까봐 두려워 아무에게도 그 사실을 알리지 못했다. 그는 목사와 리더는 약한 모습을 보여서는 안 된다는 착각에 빠져 있었다. 특히, 목사는 나약한 인간이어서는 안 된다고 생각했다.

안타깝게도 세인트루이스의 두 목사와 같은 목사가 드물지 않다. 사실, 많은 목사가 목회를 함에도 '불구하고'가 아니라 목회를 하기 '때문에' 감정적인 심연에 빠져 있다. 목사 외에도 많은 리더가 리더라는 지위에도 '불구하고'가 아니라 리더라는 지위 '때문에' 감정적인 심연에서 허덕인다.

조사에 따르면 목사들이 근심과 우울증에 시달리는 비율은 다른 인구 집단에 비해 월등히 높다. 영적 전쟁, 성도와 자기 자신의 비현실적인 기대, 목사에 대해서는 (특히 온라인에서) 마음대로 비판하고 험담해도 된다는 그릇된 인식, 심신을 충전할 시간의 부족, 목회의 요구들로 인한 가족 내 긴장, 재정적인 압박, 타인과의 비교 등 이런 특수한 요인들이 맞물려 목사들은 관계적 고립, 감정적인 요동, 도덕적인 몰락에 빠지기 가장 쉬운 부류 중 하나다.

또한 일부 교회에서 성도들이 목사에게 비합리적인, 심지어 불가능한 요구를 한다는 조사 결과도 있다. 다행히 내 재능을 인정하는 동시에 내 한계도 잘 아는 성도들 덕분에 나는 그런 일을 당하지 않고 있다.

테네시 주 내슈빌 그리스도 장로교회의 성도들은 보기 드문 사랑과 이해로 나를 대해 준다. 하지만 안타깝게도 모든 목사가 나와 같은 복을 누리고 있는 것은 아니다.

저명한 목회 연구 전문가인 톰 라이너(Thom Rainer)는 교인들을 대상으로 자신의 목사에게 기대하는 것이 무엇인지 묻는 설문 조사를 벌인 적이 있다. 특별히 그는 교인들에게 "목사가 기도, 설교 준비, 선교 활동과 전도, 상담, 행정 업무, 환자 심방, 공동체 참여, 교단 활동, 교회 모임, 예배를 비롯한 목회의 다양한 영역에 매주 '최소한' 몇 시간을 투자해야 할까요?"라는 질문을 던졌다. 조사 결과, 교인들이 목사에게서 기대한 '최소' 시간은 일주일에 114시간이었다.[4] 이는 하루에 16시간씩, 주 7일 근무에 해당하는 수치다!

모든 리더의 일이 다 그렇듯 목회로 인해 목회자의 가정이 큰 피해를 입을 수 있다. 교인들이 목사의 설교를 마음에 들어 하지 않을 때, 교회의 방침에 불만이 있을 때, 교회 음악이 너무 시끄럽다고 (혹은 너무 밋밋하다고) 생각할 때, 목사가 청바지 대신 정장(혹은 정장 대신 청바지)을 입어야 한다고 생각할 때, 목사가 교회의 오랜 전통에 손을 대려고 할 때, 그때 사모가 교회의 동네북으로 전락할 수 있다.

공무원과 결혼한 여자들을 제외하곤 목사의 부인들만큼 '아군의 포격'에 자주 노출되는 여자들도 없다. 그래서인지 내 아내가 내 프러포즈를 받아들이기까지 45분이나 걸렸다! 목사의 배우자는 외로워지기도 쉽다. 목사가 자신의 가족보다 교회를 더 챙겨야 한다고 은근히 압박하는 교인이 많기 때문이다.

목회자의 자녀도 압박에서 자유롭지 못하다. 목회자의 자녀는 어린 나이에도 어른처럼 성숙하게 행동하기를 기대하는 주위 시선에 시달리는 경우가 많다. 그래서 또래처럼 '아이'로 행동해서 안 된다는 생각이 의식 혹은 무의식 속에서 작용한다. 그들은 늘 사람들의 기대에 부응하고 제 역할을 야무지게 감당하고 옳은 행동을 보여야 한다는 독특한 압박감을 느낀다. 어떤 경우는 이런 압박감이 완벽주의와 스트레스로 이어지고, 어떤 경우는 반항으로 이어진다. 목회자의 자녀는 무리와 자연스럽게 어울려 자신만의 정체성과 성격을 형성하기가 무척 어렵다. 여느 아이들과 달리 타인의 시선을 받으며 살아가기 때문이다. 목사와 같은 성을 가졌다는 이유만으로 온갖 암묵적인(때로는 노골적인) 압박이 가해진다.

리더여,
무엇보다 마음을 지키라

자, 내가 왜 이런 이야기를 하는 것이라 생각하는가? 몇 가지 이유가 있다. 첫째, 당신이 목사나 목사의 가족이라면 때로 당신이 느끼는 압박감과 고립감은 지극히 정상이라는 점을 이야기하고 싶다. 당신은 하나님께 독특한 소명을 받았다. 물론 이 소명은 말할 수 없이 귀한 특권임이 분명하지만 때로는 말할 수 없이 '힘들

기도' 하다.

사탄은 당신의 소명을 좋아하지 않는다. 당신의 소명은 그에게 보통 큰 위협거리가 아니다. 그래서 그는 수시로 당신을 공격할 것이다. 때로는 하나님이 돌보고 사랑해 주라고 곁에 주신 사람들을 통해 당신을 공격하고 비난할 것이다. 그런 일이 일어나더라도 하나님의 백성들에 관해 냉소적으로 변하지 않기를 부탁한다. 바울이 고린도교회에 대해 했던 것처럼 교회에 관한 소망을 계속해서 유지하라. 갈라진 씨앗을 보며 꽃이나 과일나무를 상상하라. 부당한 비판을 당할 때도 그 비판에서 옳은 점을 찾으려고 노력하라. 혹시 회개할 거리가 보일 수도 있다. 알다시피 회개할 기회는 언제나 예수님께 새롭게 가까이 다가갈 기회이기도 하다.

실제로 목사들은 자신의 리더십 아래서 흔들리는 성도들이 아닌 '자신'이 문제라는 점을 인정할 줄 알아야 한다. 늘 마음을 잘 지키지 않으면 압박 속에서 민감하거나 방어적이 되고, 심지어 공격적으로 변할 수 있다. 희생자처럼 구는 목사들이 있는가 하면 깡패처럼 거칠게 행동하는 목사들도 있다. 거짓이나 불륜으로 흐르는 경우도 있다.

옳은 비판이 날아올 때는 어떻게 해야 할 것인가? 실제로 우리가 사람들에게 상처를 주거나 양심을 타협하거나 심지어 목회 자격을 박탈당해도 할 말이 없는 짓을 저질렀을 때도 있다. 그럴 때는 우리가 성도들에게 가르쳐 온 원칙을 스스로에게 적용해야 한다. 다시 말해, 잘못에 대해 전적으로 책임을 지고 하나님 앞에서 회개하며 피해를 본 사람들에게 최대한 보상을 해 주어야 한다. 다음 장은 비판이 건설적이든 아니든 상관없이 우리는 건설적으로 대응하는 문제를 집중적으로 다루고 있다.

여기서 끝이 아니다. 죄책감 및 수치심과도 싸워야 한다. 잘못에 대해 하나님 앞에서 회개하고 우리의 행동으로 인해 고통받은 사람들에게 용서를 구하고 최대한 보상한 뒤에도 오랫동안 죄책감과 수치심이 우리를 따라다닐 것이기 때문이다. 설령 우리가 교회를 떠나야 하는 상황이 발생한다 해도 예수님은 여전히 우리 안에서 역사하실 것이다. 나는 예수님이 기꺼이 그렇게 해 주실 것이라고 확신한다.

탐심에 빠졌던 바울(롬 7장), 인종주의를 조심하지 않고 비겁하게 굴며 예수님을 부인했던 베드로(막 14:66-72; 갈 2장), 간음과 살인을 저지른 다윗(시 51편)에게 희망이 있었다면 우리가 아무리 추락했다 해도 하나님의 은혜와 관심이 미치지 못할 지경까지 추락하지는 않았다고 확신할 수 있다. 예수님은 영웅들이 아닌 죄인들을 위해 이 세상에 오셨다. 우리가 영웅이 아니라는 자각이야말로 예수님의 치유의 품으로 들어가는 첫걸음이 될 수 있다. 징계의 지팡이와 막대기가 당장은 가혹해 보일 수 있지만, 다윗의 경우처럼 나중에는 위로의 근원이 될 수 있다(시 23편).

목사를 비롯한 리더들에게 말하고 싶다. 서로를 위해 기도하자. 마음에는 원이로되 육신은 약하다. 우리가 예수님을 의지해서 가야 한다는 사실을 잊지 말자. 예수님 없는 리더는 연약한 존재일 뿐이다. 목회와 리더십이 흔들릴 때만큼이나 승승장구하는 것처럼 보일 때에도 우리는 약할 뿐이다. 내 다섯 친구의 도덕적인 몰락이 이 점을 증명해 준다. 그래서 바울은 "풍부에 처할" 때나 "비천에 처할" 때나 그리스도를 의지해야 한다고 말했다. 우리는 인생의 상황에 상관없이 능력을 주시는 '그리스도를 통해' 모든 것을 할 수 있다(빌 4:11-13). 함께 이 진리를 믿자. 그리고 믿음이 흔들릴 때는 서로의 손을 꼭 잡아 주자.

당신이 목사가 아니라면, 혹시 당신의 목사를 동상 받침대 위에 올려놓았는가? 그렇다면 그를 어서 거기서 내려놓기를 간곡히 부탁한다. 웬만하면 목사는 성도들의 가장 좋은 친구이자 가장 열렬한 지지자가 되어 준다. 하지만 목사들은 영웅과는 거리가 멀다. 목사를 영웅으로 만들려고 하면 교회만 다치는 것이 아니라 목사도 다친다.

동상 받침대에서 떨어지면 남들처럼 땅바닥에 서 있다가 넘어지는 것보다 훨씬 더 많이 다친다. 게다가 이 받침대는 오직 예수님만을 위한 자리이다. 목사들은 분명 목자들이다. … 하지만 남들처럼 양들이기도 하다. 목사도 죄를 짓고 두려움에 떤다. 때로는 우울증과 걱정에 시달린다. 목사도 자신에 대한 확신을 잃을 수 있다. 과연 자신이 목회할 자격이 있는가 하는 회의감에 시달리곤 한다. 대부분은 일반 성도보다 더 자주 자괴감에 시달린다. 자신의 위선을 일반 성도보다 더 분명히 보기 때문이다. 그래서 자신에 대하여 실망할 때가 너무도 많다. 반대로, 다윗처럼 교만에 빠져 우리가 얼마나 설교한 대로 실천하지 못하는지를 깨우쳐 줄 충성스러운 나단이 필요할 때도 많다.

이 외에도 여러 가지 이유로 목사는 매일의 기도에 다음과 같은 내용을 포함시켜야 한다.

> 하늘에 계신 아버지,
> 언제나 제게 재능보다 큰
> 인격을 주시고
> 영향력보다 큰
> 겸손을 주십시오.
> 아멘.

당신이 성도라면, 목사에게 '계속해서' 높은 기대를 품어 주기를 바란다. 그들이 사랑과 희락, 화평, 오래 참음, 자비, 양선, 충성,

온유, 절제의 리더십이라는 고귀한 소명에서 이탈하지 않도록 격려와 질책을 아끼지 말아 주길 바란다. 하지만 동시에, 목사도 당신에게서 이런 성령의 열매를 필요로 한다. 모든 인간은 완벽을 향해 가는 불완전한 나그네다. 우리는 아직 목적지에 도착하지 못했다. 허먼 멜빌(Herman Melville)의 말이 이 대목에서 딱 어울리는 듯하다.

> "하늘은 장로교인이나 이교도나 할 것 없이 모든 사람에게 긍휼을 베푼다. 왜냐하면 우리 모두는 머리에 끔찍하게 금이 가서 수리를 필요로 하기 때문이다."[5]

당신이 목사에게 베풀 수 있는 최고의 은혜는, 바로 그들을 위해 기도해 주고 함께 공동체를 이루어 살아가며, 그 공동체가 잘 어우러질 수 있도록 격려하고 질책해 주는 것이다. 제발 목사를 동상 받침대 위에 놓고 영웅처럼 다루지 마라. 모든 사람이 똑같은 나그네라는 점을 잊지 마라. 그때 목사가 고립되고 고압적으로 나오고 거만하게 굴고 거짓을 말하고 이기주의와 탐욕으로 꽉 차고 불륜으로 흐를 가능성, 뭐든 목사로서 해서는 안 될 일을 할 가능성이 크게 줄어들 것이다.

당신이 어떤 종류의 리더든 혹은 어떤 종류의 리더가 되고 싶든 마음에 와 닿는 내용이 있으리라 생각한다. 혹시 당신도 감정적으로 도덕적으로 무너진 경험이 있는가? 아니면 무너진 친구들을 생각하며 안타까워하고 있는가?

혹시 당신도 나처럼 무너진 사람이 당신이 아닌 그들인 이유를 궁금해 하고 있는가?

From Weakness

To Strength

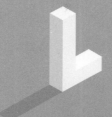

Part 2

약함의 영성,
하나님의 강함을
입다

사울의 친족 한 사람이 나오니 게라의 아들이요 이름은 시므이라
그가 나오면서 계속하여 저주하고 또 다윗과 다윗 왕의 모든 신하들을
향하여 돌을 던지니⋯스루야의 아들 아비새가 왕께 여짜오되
이 죽은 개가 어찌 내 주 왕을 저주하리이까? 청하건대 내가 건너가서
그의 머리를 베게 하소서 하니 왕이 이르되 ⋯그가 저주하는 것은
여호와께서 그에게 다윗을 저주하라 하심이니
네가 어찌 그리하였느냐 할 자가 누구겠느냐 하고.

─사무엘하 16장 5-6절, 9-10절

/

Chapter 3

비판의 화살이 날아올 때

자기반성의 기회로 삼자

/

나는 비판받는 것을 지독히 싫어한다. 하지만 유력 인사나 리더의 자리에 있다 보면 비판을 받을 수밖에 없다. 심지어 훌륭한 부모도 때로는 자녀에게 비판을 받는다. 사장은 직원들에게, 감독은 선수들에게, 예술가는 팬들에게, 선생은 학생들에게, 목사는 성도들에게 비판을 받을 수밖에 없다. 따라서 비판을 다룰 능력이 없다면 다른 일을 찾아보는 편이 현명할지도 모르겠다.

세월이 지나며 나는 주변 사람들의 비판을 소화시키는 능력이 조금씩 나아졌다. 비판이 정당할 때는 내가 모르던 약점을 깨닫고 개선해서 주변 사람들을 더 잘 이끄는 리더로 발전해 갈 수 있다. 하지만 비판이 정당하지 않을 때는 지금도 가끔씩 부정적이고 방어적으로 반응한다. 솔직히 말해, 비판이 정당할 때도 그렇게 반응할 때가 더러 있다.

돼지와 씨름 한 판

최근에 내슈빌을 여행하다가 우리 교회를 방문했던 한 남자가 자신의 겸허한 의견에서 볼 때 내 설교의 잘못된 점들을 트위터를 통해 공개적으로 비판했다. 짜증이 난 나는 성경을 무기로 나를 변호하고 그를 비판하는 트윗을 날렸다. 그러자 남자는 비판의 강도를 높여 다섯 개의 메시지를 더 보냈다. 하나같이 내 설교에서 특정 부분들만을 뽑아 조합해서 의도를 왜곡시킨 내용이었다. 그 즉시 나는 이번에도 전혀 도움이 되지 않는 방식으로 두 번째 반격을 했다. 내가 개인적으로 선생님으로 모시는 스코티 스미스(Scotty Smith) 목사가 그 남자와 나의 실랑이를 알고는 재빨리 문자 메시지를 보내왔다. "자네, 돼지와 씨름하면 안 된다는 걸 잊었군."

스미스 목사는 그 남자를 모욕하려는 것이 전혀 아니다. 사실, 그것은 우리가 건강한 리더십에 관한 리더십 전문가 캐리 뉴호프(Carey Nieuwhof)의 글에서 발견한 문구다. "돼지와 씨름하지 마라"는 상대방이 아무런 이유 없이 싸움을 걸어오거나 비판할 때는 아예 상대하지 않는 것이 상책이라는 뜻이다. 왜 그러할까? 우리가 돼지와 씨름하면 둘 다 지저분해지지만 더러운 건 돼지만 좋아하기 때문이다. 나아가, 돼지와 씨름하다보면 결국 우리도 돼지처럼 변한다.

'돼지와의 씨름'에는 또 다른 부작용이 있다. 무반응이나 부드러운 반응으로 긴장을 해소시키지 않고 답하다보면 정당한 비판을 포함한 '모든' 비판을 거부하게 된다. 그렇게 되면 자신이 큰 위험에 빠진다.

앞서 말했듯이 우리 모두에게는 큰 선을 행할 잠재력과 지독한 악을 행할 잠재력이 공존한다. 우리는 지킬 박사인 동시에 하이드 씨다. 성경은 이중성에 대하여 다양한 방식으로 표현한다. 우리는 성도인 동시에 죄인이고, 옛 사람인 동시에 새 사람이며, 육신인 동시에 영이다. 루터의 말처럼 우리는 "의인인 동시에 죄인"(simul iustus et peccator)이다. 심지어 역사상 가장 위대한 기독교 리더 가운데 한 사람이었던 사도 바울조차도 로마 교회에 보낸 편지에서 자신의 이러한 현실을 인정했다.

내가 행하는 것을 내가 알지 못하노니 곧 내가 원하는 것은 행하지 아니하고 도리어 미워하는 것을 행함이라 … 내 속 곧 내 육신에 선한 것이 거하지 아니하는 줄을 아노니 원함은 내게 있으나 선을 행하는 것은 없노라. 내가 원하는 바 선은 행하지 아니하고 도리어 원하지 아니하는 바 악을 행하는도다 … 그러므로 내가 한 법을 깨달았노니 곧 선을 행하기 원하는 나에게 악이 함께 있는 것이로다. 내 속사람으로는 하나님의 법을 즐거워하되 내 지체 속에서 한 다른 법이 내 마음의 법과 싸워 내 지체 속에 있는 죄의 법으로 나를 사로잡는 것을 보는도다 (롬 7:15, 18-19절, 21-23절).

바울의 이야기가 여기서 끝나지 않아서 얼마나 감사한지 모른다. 자신을 한껏 깎아내린 바울은 계속해서 자신(그리고 우리)의 죄 문제에 대한 희망 가득한 해법을 제시한다. 율법의 저주에서 구속하신 그리스도 안에서는 정죄함이 없다. 아울러 하나님의 심판대 앞에서 우리의 법적 변호인이신 그리스도는 우리 안에 거하시는 성령님을 보내셨다. 성령님은 우리가 어떻게 기도해야 할지 모를 때 기도하게 도와주시고, 마음을 육신의 것들로부터 성령의 것들로 이끄시며, 세상의 그 무엇도 우리를 하나님의 사랑에서 절대 떼어 놓을 수 없다는 사실을 늘 기억하게 해 주신다(롬 8장).

성경은 하나님이 우리의 죄에 수치가 아닌 위로로, 벌이 아닌 인자로, 심판이 아닌 자비로, 버림이 아닌 사랑으로 반응하신다고 분명히 말한다. 이 사실을 안다면 계속해서 죄를 짓는 것은 불가능한 일이다. 회개했기 때문에 하나님이 우리를 인자로 대해 주시는 것이 아니라 하나님의 인자가 우리로 하여금 회개하게 하는 것이라면(롬 2:4) 죄를 회개하지 않을 생각을 한다는 것은 있을 수 없는 일이다. 하나님이 예수 그리스도의 완벽한 삶과 희생적인 대속의 죽음을 통해 우리의 심판을 과거사로 돌리셨다면 심판받을 만한 짓을 계속하는 것이 옳거나 좋거나 유익하다고 생각하는 것은 있을 수 없는 일이다.

그렇다. 죄는 불합리하고 무익하다. 특히, 예수님을 통한 하나님의 사랑과 구속의 은혜를 분명히 아는 그리스도인들의 입장에서는 더더욱 그러하다. 우리는 죄가 하나님의 '율법'에 대한 반역의 행위를 넘어 하나님의 '사랑'에 대한 미움의 행위라는 사실을 알고 있다. 그래서 우리는 죄를 지극히 불합리하고 무익한 것으로 여긴다.

이것이 다윗 왕이 자신의 간통과 살인, 권력 남용을 돌아보며 그 죄가 자신에게 기쁨을 주기는커녕 뼈가 으스러지고 진액에 빠져나가는 고통을 안겨 주었노라 고백한 이유다(시 51:8, 12절). 다윗은 우상들에 굴복했을 때 영혼이 괴롭고 시야가 흐릿해지고 슬픔에 휩싸이고 몸이 쇠했다(시 31:6-10).

우리는 모두 연약하여

하나님의 율법에 대해 죄를 짓는 것은 곧 하나님의 사랑에 대해 죄를 짓는 것이다. 그렇게 하나님께 죄를 지을 때마다 힘들어진다. 물고기가 물 밖에서 행복하고 건강하고 온전할 수 없는 것처럼 하나님의 복된 율법 테두리 밖에 있을 때 그리스도인은 행복하고 건강하고 온전할 수 없다. 하나님의 형상을 따라 창조된 자들에게 그분의 법은 그분의 '형상'을 드러내기 위한 로드맵이라고 할 수 있다. 그분의 법은 설계도이며 자연스러운 서식지다.

유진 피터슨(Eugene Peterson)의 메시지 성경에서 이 점을 좀 더 분명히 확인할 수 있다. "하나님의 율법에서 가장 작은 항목이라도 하찮게 여긴다면 너희 스스로를 하찮게 여기는 꼴밖에 되지 않는다"(마 5:19-20).

물론 설계도에 따라 사는 것이 너무도 당연하다. 그럼에도 우리는 여전히 도움을 필요로 한다. 매일 옳고 좋고 참된 것들에 닻을 내려 주는 성경의 지혜가 필요하다. 우리의 마음은 지독히 기만적이고 연약하기 때문에 최악의 생각과 말, 행동도 얼마든지 정당화할 수 있다. 다윗이나 바울처럼 우리의 마음은 "연약하여 범죄하기 쉽다." 우리는 아직 목적지에 도달하지 못했다는 사실을 늘 상기시켜 줄 사람들을 필요로 한다. 아직 완성되지 않았기 때문에 스스로를 보지 못하는 죄를 지적해 줄 솔직한 목소리들이 필요하다.

레베카 피퍼트(Rebecca Pippert)는 *Hope Has Its Reasons*(소망은 나름의 이유를 갖고 있다)라는 훌륭한 책에서 참된 사랑이 사랑하는 사람들을 파괴하는 모든 것을 얼마나 '미워하는지'를 이야기했다.

> 진정한 사랑은 …을 파괴하는 기만, 거짓, 죄에 맞선다. … 아들을 사랑하는 아버지일수록 아들 속의 주정뱅이와 거짓말쟁이, 반역자를 더 미워한다.[1]

순교한 독일 목사 디트리히 본회퍼(Dietrich Bonhoeffer)도 비슷한 말을 했다. "공동체 안의 다른 그리스도인을 죄의 길에서 돌아서게 촉구하는 엄한 질책보다 더 큰 연민은 없다."[2]

리더들은 이런 면에서 취약하기 쉽다. 리더의 위치에 서면 조직도나 가계도, 계급 체계에서 자기 아래에 있는 사람들의 비판, 심지어 건설적인 비판도 거부하기 쉽다.

하지만 다윗은 쓰라린 진실을 외면하지 않았다. 바로 이것이 그가 그토록 훌륭한 리더가 된 비결이었다. 나단 선지자가 찾아와 속히 악에서 빠져나오라고 촉구했을 때 다윗은 "네가 뭐라고 감히

훈수를 두느냐? 내게 누군지 모르느냐? 썩 물러가라!"라고 말하지
않았다.

　다윗은 나단의 질책에 저항하지 않았다. 대신, 질책을 겸허히
받아들이고 죄를 회개한 뒤에 엎어진 물을 최대한 담으려고 노력
했다. 다윗의 이야기는 역사상 가장 철저하고 솔직한 죄 고백 중
하나를 탄생시켰다.

> 하나님이여, 주의 인자를 따라 내게 은혜를 베푸시며 주의 많
> 은 긍휼을 따라 내 죄악을 지워 주소서 나의 죄악을 말갛게 씻
> 으시며 나의 죄를 깨끗이 제하소서 무릇 나는 내 죄과를 아오
> 니 내 죄가 항상 내 앞에 있나이다 내가 주께만 범죄하여 주의
> 목전에 악을 행하였사오니 … 보소서 주께서는 중심이 진실함
> 을 원하시오니 내게 지혜를 은밀히 가르치시리이다 … 나의
> 죄를 씻어 주소서 내가 눈보다 희리이다 … 주의 얼굴을 내 죄
> 에서 돌이키시고 … 하나님이여 내 속에 정한 마음을 창조하
> 시고 내 안에 정직한 영을 새롭게 하소서 나를 주 앞에서 쫓아
> 내지 마시며 주의 성령을 내게서 거두지 마소서 주의 구원의
> 즐거움을 내게 회복시켜 주시고 자원하는 심령을 주사 나를
> 붙드소서(시 51:1-4, 6-7절, 9-12절).

다윗은 하나님께만 죄를 고백한 것이 아니라 나단 앞에서도 죄를 솔직히 인정했다. "내가 하나님께 죄를 지었소." 그런 다음에는 거기서 멈추지 않고 자신의 계략으로 남편을 잃고 과부가 된 밧세바를 거두어 아내로 삼았다.

그러자 하나님은 놀라운 자비와 인자로 다윗과 밧세바에게 "하나님의 사랑하시는 자"를 뜻하는 여디디야란 이름의 아들을 주셨다. 이 아들은 '평화'를 뜻하는 솔로몬이라는 두 번째 이름도 받았다. 불륜과 살인, 권력 남용으로 얼룩진 환경에서 태어난 이 아들은 나중에 하나님의 사랑이 얼마나 길고도 넓고 높고도 깊은지를 보여 주는 예수님의 족보에 포함되었다.

다윗은 우리야의 아내에게서 솔로몬을 낳고(마 1:6).

여기서 마태는 솔로몬의 탄생을 둘러싼 불미스러운 상황을 암시하는 표현을 굳이 사용했다. 아예 이 부분을 삭제하거나 "우리야의 아내에게서"보다는 그냥 "밧세바에게서"라는 표현을 써도 될 텐데, 굳이 이 표현을 사용한 것은 하나님이 어떻게 다윗의 죄를 구속하시고 그의 회개를 통해 역사하셨는지를 보여 주기 위해서였다.

이 정도만 해도 이미 엄청난 은혜이건만, 예수님은 만왕의 왕이시며 진정한 평강의 왕이심에도 불구하고 스스로를 "다윗의 자손"으로 부르고 다윗을 "하나님의 마음에 맞는 사람"으로 부르기까지 하셨다(행 13:22를 보라).

다윗의 삶에서는 배울 수 있는 것이 너무도 많다. 리더로서 우리가 다윗을 본보기로 삼아야 할 점이 한두 가지가 아니다. 하지만 우리가 그에게서 반드시 배워야 할 점을 하나만 꼽으라면, 나는 주변 사람들, 특히 동료나 친구, 가족처럼 우리를 가장 잘 아는 사람들이 우리를 수시로 비판할 수 있는 분위기를 조성해야 한다는 점을 꼽고 싶다. 아울러 그들의 비판을 겸손함과 감사함으로 받아들이고 변화할 의지까지 품어야 한다. 평판보다 인격이 훨씬 더 중요하다. 빛이 어둠을 드러내더라도 빛으로부터 도망치거나 숨기보다는 빛을 사랑하는 법을 배워야 한다.

바로 이 점이 다윗이 온갖 흠에도 불구하고 그토록 빛나는 이유다. 밧세바 스캔들 이후의 상황 전개는 위대한 인물의 조건을 분명히 보여 준다. 다윗이 위대했던 것은 완벽했기 때문이 아니라 자신의 불완전함을 기꺼이 인정하고 공개적으로 책임을 졌기 때문이다. 다윗의 위대함은 기꺼이 자신을 낮춘 데서 찾아볼 수 있다. 이 행동을 통해 다윗은 성령이 우리 안에 거하신다는 확실한 증거 중 하나를 보여 준다. 그 증거는 바로 얼마든지 쉽게 체면을 차릴 수 있는데 기꺼이 체면을 잃고 모든 권력을 한 손에 쥐고 있기 때문에 전혀 그럴 '필요가 없는데도' 기꺼이 회개한 것이다.

다윗은 우리야에게 사용한 방법을 나단에게도 사용할 수 있었다. 다시 말해, 상황을 모면하고 명성을 지키기 위해 은밀히 나단을 제거할 수도 있었다. 하지만 그는 그러지 않았다. 대신 그는 나단의 지적에 귀를 기울이고 자신을 낮추어 회개하고 회복을 추구하는 편을 선택했다.

저자이자 철학자인 엘버트 허버드(Elbert Hubbard)는 이런 말을 했다. "위대함의 최종적인 증거는 비판을 분개하지 않고 견뎌내는 능력에 있다."[3]

이 기준에 따르면 다윗은 위대한 리더였다. 왜 다윗은 방어적인 태도로 체면을 세우는 대신 회개를 선택했을까? 더 좋은 질문은, 왜 우리도 그래야 할까? 답은 간단하다. 그것이 우리 영혼을 살리기 때문이다.

생각해 보라. 환자는 의사가 몸의 구석구석을 검사하도록 은밀한 부위까지도 기꺼이 내어 맡긴다. 의사가 건강 상태를 확인하기 위해 엑스레이를 찍어도 되겠냐고 하면 주저 없이 "물론이죠"라고 대답한다. 병이 우리 몸에 완전히 자리하는 것을 막기 위해 의사가 상처를 찌르고 잘라내도 저항하지 않는다. 그런데 왜 가장 친밀한 사람들에게는 영혼과 인격의 가장 은밀한 부위를 보이지 못하는가? 왜 영혼의 치유를 위해 그들이 우리를 검사하고 찌르고 자르고 상처를 내도록 허용하지 않는가? 오히려 적극적으로 나서서 그렇게 해 달라고 부탁해야 하는 것 아닌가?

> 의인이 나를 칠지라도 은혜로 여기며(시 141: 5).
> 친구의 아픈 책망은 충직으로 말미암는 것이나(잠 27:6).
> 죄인을 미혹된 길에서 돌아서게 하는 자가 그의 영혼을 사망에서 구원할 것이며(약 5:20).

때로 사람들에게서 최선의 것을 찾으려면 먼저 그들 속에 있는 최악의 것들을 드러내야만 한다. 그런데 과연 리더들이 그렇게 생각하고 있는가?

사랑이 담긴 정당한 비판의 유익

위대한 리더 윈스턴 처칠(Winston Churchill)은 인정할 수 없는 비판도 있지만 비판은 우리 모두에게 필요하다고 말했다. 왜일까? "우리 몸의 고통과 같은 기능을 하기 때문이다. 병든 상태를 환기시켜 준다."[4]

비판, 특히 정당한 비판을 거부하는 것은 자신이 병든 상태라고 말하는 것과 같다. 건강하지 못한 사람들은 비판을 받으면 발뺌하고 진실을 조작한다. 반면, 진정한 리더들은 고백하고 회개한다.

이쯤에서 중요한 질문 하나를 던져 보자. 비판이 부당하다면, 우리를 위해서 하는 비판이 아니라 우리를 사장시키기 위한 비판이라면, 있지도 않은 말을 지어내서 하는 비판이라면, 비판하는 사람이 우리의 건강과 번영을 생각하는 것이 아니라 단지 돼지처럼 구는 것이라면 어떻게 대처해야 하는가?

이번에도, 시므이란 사람의 도발 앞에서 다윗이 보인 반응에서 이 문제에 관한 중요한 교훈을 얻을 수 있다. 시므이는 다윗이 백성을 이끄는 방식이 마음에 들지 않아 그에게 돌을 던지며 모욕을 했다. "계속하여 저주하고." 이번에도 역시, 모든 권력을 갖고 있던 다윗은 시므이를 그 자리에서 간단히 죽일 수 있었다. 실제로 다윗의 부하 중 한 명이 그렇게 하겠다고 제안했다.

> 스루야의 아들 아비새가 왕께 여짜오되 이 죽은 개가 어찌 내 주 왕을 저주하리이까 청하건대 내가 건너가서 그의 머리를 베게 하소서 하니 왕이 이르되 … 그가 저주하는 것은 여호와께서 그에게 다윗을 저주하라 하심이니 네가 어찌 그리하였느냐 할 자가 누구겠느냐 하고(삼하 16:9-10).

얼마 전 팀 켈러 목사는 트위터에 이런 글을 올렸다. "나쁜 의도를 품은 사람들 혹은 우리가 존경하지 않는 사람들이 겨우 20퍼센트의 진실만으로 하는 비판이라고 해도 거기서 유익을 얻을 수 있다."[5]

목사이자 신학교 교수인 잭 밀러(Jack Miller)도 자신에게 날아왔던 부당하거나 전혀 근거 없는 비판들에 대해서 비슷한 말을 한적이 있다. 그는 누군가가 자신을 부당하게 비판하거나 자신을 부정적으로 매도할 때마다 그 사람에게 "당신은 절반밖에 모릅니다"라고 말했다. 그는 자신의 마음이 얼마나 어두운지를 너무도 잘 알기에 부당한 비판조차 자신의 '진짜' 모습을 잘 모르고서 오히려 실제보다 '더 좋게' 이야기해 준 것으로 받아들일 수 있었다. 그는 "나는 내가 생각하는 것보다 더 나쁘다"라는 유명한 말을 했다.

드와이트 L. 무디(Dwight L. Moody)에 관해서도 비슷한 이야기가 있다. 무디도 구름 같은 군중 앞에서 복음을 선포하다가 자신만의 '시므이'를 경험 한 적이 있다. 한 자신만만한 젊은 신학생이 베테랑 전도자 무디의 말에 사사건건 공개적으로 트집을 잡기 시작했다. 그로 인해 몇 번이나 설교가 심각한 방해를 받자 참다못한 무디는 결국 세계 최고의 언변으로 그 젊은이의 코를 납작하게 만들었다. 그 젊은이가 비참하게 창피를 당하자 군중은 무디에게 우레와 같은 환호를 보냈다. 그런데 다시 한참 설교를 하던 무디는 갑자기 설교를 멈추고 모든 사람 앞에서 다음과 같이 말했다.

"집회 초반에 저 아래 형제에게 어리석게 굴었던 걸 모든 분 앞에서 사과합니다. 하나님, 저를 용서해 주십시오."

그 순간, 무디는 진정한 리더십과 위대함을 보여 주었다. 어찌 보면 '사소한' 죄였을 뿐이지만 그는 '먼저' 회개하고 사과했다. '힘'을 지닌 자가 자신의 체면을 세우는 것보다 자신의 인격과 청년의 미래를 더 중요시 여겼다. 아무 말도 하지 않고 군중 앞에서 새파란 애송이에게 보기 좋게 한 방 먹인 것에 득의양양해하며 집으로 돌아갈 수도 있었지만 그는 자신을 낮추고 공개적으로 사과했다.

지극히 사소한 죄조차 범한 적이 없는 예수님이 우리를 위해 자신을 낮추시고 아무것도 아닌 존재가 되셨다. 예수님은 우리의 체면을 살리기 위해 자신의 체면을 구기셨다. 예수님은 우리의 수치를 덮고 우리를 향한 큰 사랑을 증명해 보이고자 모함과 비판, 경멸, 거부를 감내하셨다.

그렇다면 우리도 팀 켈러나 잭 밀러, 드와이트 무디, 다윗 왕과 같은 사람들의 본을 따라 흠과 죄가 드러날 때 자신을 낮추어야 마땅하다. 왜냐하면 우리는 "우리가 생각하는 것보다 더 나쁘지만" 역시 잭 밀러의 말처럼 "감히 꿈도 꿀 수 없을 만큼 큰 사랑을 받고" 있기 때문이다.

나단이 아닌 돼지처럼 행동하는 부당한 비판자와 입씨름을 벌이는 것은 바람직하지 않다. 하지만 그의 '부당함'을 구속적으로 다룰 방법들이 있다. 그런 의미에서 몇 년 전 우리 교회가 공개적으로 부당한 비판을 받았을 때 내가 블로그에 올렸던 글로 이번 장을 마무리하고자 한다. 읽어 보면 알겠지만 나는 겸허히 '20퍼센트의 진실'을 찾는 동시에 교회의 충성스러운 한 명의 일꾼을 옹호하는 것 사이에서 적절한 균형점을 찾고자 노력했다. 방어적으로 굴지는 않되 내 친구이면서 더 중요하게는 하나님의 충성스러운 종이자 아들인 그 일꾼을 보호해야만 했다.

이 장황한 편지를 읽으면서 내가 어떤 식으로 비판을 마음에 새기는 동시에 비판에 수긍할 수 없었던 이유를 최대한 정중하고도 사랑으로 지적하는지를 눈여겨봐 주기를 바란다.

공개적인 비판에 대한 공개적인 편지

우리 그리스도 장로교회에서 동성애(same-sax attraction, SSA)에 관한 공개 포럼을 열기로 했을 때의 논란을 충분히 예상했다.[6] 교회가 사회적으로 의견이 분분한 문제에 관해 입장을 밝힐 때마다 비판이 날아오기 마련이기 때문이다. 스티븐 모스(Stephen Moss)와 함께한 포럼에 관한 대중의 반응은 대체로 긍정적이었지만, 동성애를 갖고 있는 사람(하지만 주님 앞에서 철저히 순결을 지키며 독신으로 살아가고 있는 사람)을 연단에 올리는 것이 복음에 반하는 것이라고 강력하게 항의하는 SNS와 블로그의 글이 더러 있었다.

우리가 아무런 말도 하지 않으면 혼란과 불안이 발생할 수 있기 때문에 나는 공개적으로 반응하기로 했다. 비판이 공개적이었기 때문에 적어도 이번 경우에는 공개적으로 반응하는 것이 최선으로 보였다. 비판자들의 신원을 보호하기 위해 이들 모두를 친구로 통틀어서 칭하도록 하겠다. 이 표현으로 정한 이유는 문제점을 지적하는 것이 친구의 본질이라는 이유도 있다.

이들이 지적한 문제점에 전혀 동의하지는 않지만 이 문제에 관한 생각을 다시 명료하게 정돈하게 해 준 점에 대해서는 분명히 감사한다. 예수님의 넓고도 변함없는 사랑을 또 다시 공개적으로 축하할 기회를 준 것에도 감사한다. 아무쪼록 이 글을 통해 우리에 관한 비판을 들은 사람들이 이 문제에 관한 우리의 마음, 더 중요하게는 예수님의 마음을 이해하게 되기를 간절히 바란다.

친구여,

당신은 우리가 듣기를 거부했다고 말했지만, 사실상 우리는 당신의 지적을 받아들이기를 거부하는 것이 아니라 받아들이려고 해도 받아들일 수 없을 뿐입니다. 제 마음이 저를 속일 수 있다는 것을 잘 알기에 당신의 말을 아주 유심히 들었습니다. 하지만 들을 가치를 전혀 느끼지 못했습니다. 다른 성적 성향을 지닌 사람들을 어떻게 대해야 하는지에 대한 우리의 의견은 당신과 전혀 다릅니다.

먼저 질문을 하나 해도 되겠습니까? 당신은 동성애를 느끼는 것 자체가 죄이기 때문에 동성애를 가진 사람이 교인들 앞에 서서 발언하게 해서는 안 된다고 말했습니다. 친구여, 유혹과 죄는 다르다는 것을 아십니까? 겟세마네 동산에서 예수님은 아버지의 뜻에 반하는 바람을 품고서 "아버지, 이 잔을 제게서 거두어 주십시오"라고 기도하셨습니다.

"아버지, 당신의 뜻을 이루기 위해 제가 꼭 죽어야만 합니까? 아버지, 저는 죽고 싶지 않습니다. 당신의 뜻은 힘듭니다. 제 감정에 반합니다."

우리가 예수님이 시험을 받으셨으나 죄는 짓지 않으셨다고 말할 수 있는 것은 "내 원대로 마시옵고 아버지의 원대로 되기를 원하나이다"라고 고백했던 그분의 용기 때문입니다. 그런데 모스에 대해서도 똑같이 말할 수 있지 않습니까? 모스가 유혹을 느끼는 것은 사실이지만 그 유혹을 아버지의 뜻 앞에 내려

놓은 것 또한 사실이지 않습니까?

알코올 중독자였다가 10년 동안 술을 한 방울도 입에 대지 않은 두 사람이 있다고 해 봅시다. 첫 번째 사람은 기적적으로 술의 욕구를 전혀 느끼지 않고 있습니다. 반면, 두 번째 사람은 매일같이 술의 욕구와 힘겨운 사투를 벌이고 있습니다. 두 번째 사람에게 욕구가 남아 있다고 해서 첫 번째 사람보다 덜 충성스러운 것입니까? 친구여, 매일같이 육체와 싸우고 있기 때문에 오히려 더 충성스러운 것이 아닐까요? 그는 끊임없이 싸우며 하나님의 은혜로 승리하고 있습니다.

술의 욕구가 있다고 이 두 번째 사람을 비난할 수 없다면, 왜 동성애를 갖고 있다는 이유만으로 사람을 비난합니까? 둘 사이에 무슨 차이가 있습니까? 술의 욕구를 참고 사는 사람의 이야기를 승리의 간증으로 축하한다면 동성애를 갖고도 성적으로 순결하게 사는 사람의 이야기는 왜 축하할 수 없습니까?

모스는 우리 교회의 신학교에서 공부하며 교회의 캠퍼스 사역자로 충성스럽게 섬겨왔습니다. 그렇다면 우리가 그에게(그리고 그가 대표하는 교회의 많은 식구들) 목소리를 주었다고 페이스북에서 공개적으로 비난하는 것이 과연 예수님의 눈에 좋고 훌륭하고 기뻐하실 만하고 칭찬받을 만한 일일까요?

성과 결혼에 관한 우리의 생각을 알고 싶다면 저의 책 *Jesus*

Outside the Lines(선 밖의 예수님)의 8장을 읽어 보시길 바랍니다. 그 장의 내용은 최근 우리가 모스와 함께한 포럼의 내용과 정확히 일치합니다. 3년 전 제가 그리스도 장로교회에 부임한 이래로 우리는 늘 공개적으로 입장을 밝혀왔습니다. 단 한 번도 숨긴 적이 없습니다.

책을 읽어 보시면 알겠지만 우리는 성과 결혼에 대해 항상 '은혜롭고 역사적인'(graciously historic) 기독교의 입장을 표명해 왔습니다. 우리는 '성적으로 다른' 남녀를 인자하고도 온유하며 참을성 있게 대하신 예수님의 본을 따른다는 점에서 큰 자긍심을 느끼고 있습니다. 이런 인자하고 온유하고 참을성 있는 태도야말로 은혜롭고 역사적인 시각의 본질이라고 믿습니다. 예수님이 남편이 아닌 다섯 번째 섹스 파트너와 동거하고 있는 우물가의 사마리아 여인에게 어떤 식으로 다가가셨는지 기억하십니까? "여인이여, 내게 물 한 잔의 친절을 베풀겠느냐?" 예수님이 간음 현장에서 붙잡힌 여인에게 "나는 너를 정죄하지 않는다"라고 말씀하셨던 것을 기억하십니까? 자신과 남들을 파괴하는 여인의 윤리를 지적하기에 '앞서' 먼저 틀을 깨는 사랑을 과감히 보여 주신 것이 얼마나 놀랍습니까? 그리고 서기관이나 바리새인과 얼마나 다릅니까? 은혜와 회개의 촉구가 둘 다 중요하지만 올바른 순서는 지켜야 하지 않겠습니까?

우리의 회개로 인해 하나님이 우리를 인자로 대해 주시는 것이 아니라 하나님의 인자가 우리로 하여금 회개하게 하는 것입니다.

이 순서를 바꾸면 기독교를 잃어버리고 맙니다. 이 순서를 바꾸면 예수님을 잃어버립니다. 생각만 해도 끔찍한 일입니다! 그리고 참, 예수님이 바리새인 시몬을 어떻게 질책하셨는지 기억하십니까? 시몬을 아십니까? 예수님을 비난한 시몬 말입니다. 예수님을 비난하다니 상상이 가십니까? 시몬은 야한 옷차림의 여인을 따뜻하게 받아주었다는 이유로 예수님을 비난했습니다. 예수님이 무슨 죄입니까? 너무 큰 은혜가 죄입니까?

여인은 초대받지 않은 잔치에 와서 창녀의 입술로 예수님의 발에 입을 맞추고 창녀의 머리카락으로 그분의 발을 닦았으며 창녀의 향수를 그분께 뿌렸습니다. 여인은 매춘 도구로 예수님께 사랑을 표현했습니다. 그것이 그녀가 아는 유일한 사랑 표현법이었습니다. 이 얼마나 충격적입니까? 이 얼마나 비기독교적입니까? 이 얼마나 성적으로 '다른' 행동입니까? 그래서 예수님은 어떻게 하셨습니까?

예수님은 이 모두를 기쁨으로 받고 나서 여인을 연단으로 올렸습니다. 예수님은 선생들의 선생으로 여인을 가리키셨습니다. 여인의 교훈은 무엇이었을까요? 여인은 받아들일 용기가 있는 모든 사람을 위해 하나님을 진정으로 예배하는 것이 무엇인지에 관한 실습 강좌를 진행했습니다.

"이 여인이 보이느냐? 바로, 이 여인 말이다. 시몬아, 이 여인에게서 배워라. 이 여인에게서 사랑을 배워라. 이 여인에게서 환대를 배워라. 이 여인에게서 은혜의 스캔들을 배워라. 이 여인에게서 용서를 배워라. 여인. 그렇다. 시몬, 네가 잘못 들은 게 아니다. 여인, 맞다. 사물이 아니라 여인이다. 사물이 아니라 사람이다. 쓰레기가 아니라 걸작이다. 짐승이 아니라 하나님의 형상이다. 나는 이 여인을 많이 사랑한다. 시몬, 너는 어떠냐? 이 여인을 많이 사랑하느냐? 아니, 사랑하기라도 하느냐?"

예수님이 비기독교적인 성욕에 굴복한 여인에게 (지금까지도 유지되는) 연단을 허락하셨다면 왜 우리가 그릇된 성욕에 굴복하지 '않은' 사람에게 연단을 허락하지 말아야 합니까?
친구여, 단도직입적으로 말해 우리는 수긍할 수 없습니다. 우리는 충성스러운 하나님의 사람이요 신학교의 신학 석사 과정을 밟고 있으며 장차 예수님의 교회를 이끌어갈 미래의 목사인 모스와 관계된 것을 너무도 자랑스럽고 기쁘게 생각합니다.

예수님을 위해 자신의 육신을 거부하고 있는 모스, 얼마나 용감합니까? 얼마나 담대합니까? 얼마나 충성스럽습니까? 예수님이 모스를 보며 얼마나 기쁘게 웃고 계실까요? 모스는 예수님의 십자가를 따르고 있습니다. 그가 짊어진 십자가는 많은 사람, 아니 대부분의 사람이 감히 상상도 못할 정도입니다. 그렇습니다. 모스는 예수님을 따르기 위해 대가를 치르고 있습니다. 자, 우리는 어떤 대가를 치르고 있습니까? 스스로에게 반드시 물어야 할 질문이 아닐 수 없습니다.

우리에 대한 비판에 관해서는, 우리의 동기나 행동, 말, 신념에서 당신이 지적한 것과 같은 점은 전혀 찾지 못하겠습니다. 하지만 당신의 비판에 조금이라도 옳은 점이 있다면 하나님이 우리에게, 특히 저에게 그것을 밝혀 주시도록 꼭 기도해 주십시오.

저 개인에 대한 비판에 관해서는 물론 필요하다면 비판해 주십시오. 하나님께로부터 온 비판이라면 귀담아듣고 배우지 않는 것은 어리석은 짓입니다. 제가 예수님께 불충한 부분, 그분의 은혜나 진리에 대해 불충한 부분을 보여 주신다면 당신의 질책은 제 혀에 꿀이요 내 마른 뼈에 새 생명일 것입니다. 하지만 지금으로서는 아무래도 당신의 비판을 받아들이기 힘들 것 같습니다. 서로 최대한 기분이 상하지 않기를 원합니다.

친구여, 저는 예수님을 온전히 믿을수록 우리의 사랑이 더 관대해져야 한다고 생각합니다. 예수님은 죄인을 환영하셨고 죄인과 함께 식사를 하셨습니다. 세리와 술주정뱅이, 폭식가의 식사 초대를 거절하시는 법이 없었습니다. 예수님은 독선적인 바리새인들도 받아주셨습니다. 창녀도 받아주셨고요. 그리고 물론 스티븐 모스처럼 순종할 줄 아는 복음의 영웅도 받아주십니다.

친구여, 제 눈에 들보가 있다고 확신하신다면 예수님이 은혜로운 손길로 그것을 제거해 주시도록 기도해 주십시오. 저도 당신을 위해 그렇게 기도하겠습니다.

그리고 친구여, 저를 위한 복음을 믿으시겠습니까? 저도 당신을 위한 복음을 믿겠습니다.

당신의 친구이자 당신처럼 미완성인 스캇 솔즈가
테네시 주 내슈빌 그리스도 장로교회에서

내가 이 비판에 수긍하지 않는다는 점을 분명히 밝히면서도 실수할 가능성에 마음을 열었기를 소망한다. 또한 내가 이 비판에 수긍할 수 없는 이유를 합리적이고도 명료하게 설명했기를 바란다.

우리는 비판 앞에서 겸손한 모습을 보이되 자신의 신념을 타협하지 말고 그것을 정중하면서도 분명하게 설명할 수 있어야 한다.

다윗이 블레셋 사람을 죽이고 돌아올 때에 여인들이
이스라엘 모든 성읍에서 나와서 노래하며 춤추며…
여인들이 뛰놀며 노래하여 이르되
사울이 죽인 자는 천천이요 다윗은 만만이로다 한지라
사울이 그 말에 불쾌하여 심히 노하여.
—사무엘상 18장 6-8절

Chapter 4

점점 질투심이 커져갈 때

내 안의 사울을 몰아내라

우리 마음에서 추악한 것을 발견하고 그 추악한 것이 고통스럽게 한다면 대개 그것은 성령이 역사하고 계신다는 신호다. 나로서는 좋은 소식이다. 내 마음속에서 자주 보이는 추악한 것이 역겨워 견딜 수가 없다. 그것은 바로 질투라는 놈이다.

질투는 리더들과 유력 인사들, 인생에서 '앞서간' 사람들, 조직이나 사역에서 '꼭대기에 이른' 사람들에게서 흔히 나타나는 현상이다. 기본적으로 질투는 자신을 남들과 비교하고 남들이 가진 것처럼 보이는 것을 탐낼 때 일어난다. 질투에 빠지면 누군가가 흔들리거나 무너졌다는 소식을 들을 때 남몰래 미소를 짓는다. 반대로, 누군가가 성공가도를 달리거나 상장이나 연봉 인상 같은 보상을 받으면 자신도 모르게 인상이 구겨진다.

질투는 사랑의 반대다. 사랑은 기뻐하는 자들과 함께 기뻐하고 슬퍼하는 자와 함께 슬퍼하기 때문이다. 이와 반대로, 질투는 남들이 슬퍼할 때 은근히 기뻐하고 남들이 기뻐할 때 슬퍼한다.

질투라는 가시

한번은 뉴스를 보다가 톰 행크스(Tom Hanks)가 500대 유명 인사 명단에서 탈락했다는 소식을 듣게 되었다. 순간, 톰 행크스가 안쓰럽기는커녕 은근히 고소한 기분을 느꼈다. 말하자면, 나는 슬퍼하는 사람을 보며 기뻐하고 있었다. 내가 왜 남의 안타까운 소식을 들으며 그런 기분을 느꼈을까?

그것은 아마도 다른 사람의 추락이 내 안에서 불쑥불쑥 느껴지는 열등감을 조금이나마 식혀 주기 때문일 것이다. 왜, 불행은 동반자를 좋아한다고 하지 않는가! 혹은 잠시나마 내가 톰 행크스보다 우월하다는 기분 좋은 착각을 불러일으키기 때문일 수도 있다. 그의 커리어는 하향세로 접어든 반면, 내 커리어는 정점을 향해 오르기 시작했으니까 말이다.

한 지역 교회의 목사인 내가 전국적으로 잘 알려진 유명인과 스스로를 비교한다는 것이 정말 이상하지 않은가? 어쨌든 이 현상은 나 자신의 왜곡된 마음을 보여 주는 창문이다. 내가 나를 전혀 다른 세상에 사는 사람과 비교하는 이유는 나도 잘 모르겠지만 이것 하나만큼은 분명하다. 남의 불행을 은근히 기뻐하는 마음은 질투로 가득한 마음이다.

질투의 근본 원인은 교만, 그리고 그 친족인 라이벌 의식이다. 라이벌 의식에 빠지면 바리새인처럼 기도를 가장한 자기자랑을 하게 된다.

> 하나님이여 나는 다른 사람들 곧 토색, 불의, 간음을 하는 자들과 같지 아니하고 이 세리와도 같지 아니함을 감사하나이다 나는 이레에 두 번씩 금식하고 또 소득의 십일조를 드리나이다(눅 18:11-12).

아이러니하게도 바리새인의 자랑은 사실상 열등감의 표출이었다. 그의 부풀어진 자아는 상처받은 자아의 증거다.

C. S. 루이스는 라이벌 의식에 관해 다음과 같이 말했다.

교만은 본질적으로 경쟁적이다. … 뭔가를 가지는 것으로 만족하지 못하고, 그것을 옆 사람보다 더 가져야만 직성이 풀린다. 우리는 사람들이 부유하거나 똑똑하거나 잘생긴 것을 자랑한다고 말하지만 전혀 그렇지 않다. 사람들은 남들보다 더 부유하거나 더 똑똑하거나 더 잘생긴 것을 자랑한다. … 교만은 나머지 모든 사람의 위에 있어야 만족한다.[1]

이스라엘 국가의 초대 왕 사울을 멸망의 길로 이끈 것이 바로 이런 종류의 '경쟁적인 교만'이었다. 다윗이라는 어린 목동이 물매와 작은 돌 몇 개로 블레셋의 거인 골리앗을 간단히 쓰러뜨리자 온 이스라엘이 열광의 도가니에 빠졌다. 성경에 기록된 이야기에 따르면 하나님이 함께하신 덕분에 다윗은 손을 대는 일마다 성공했다. 그리고 그가 성공할 때마다 온 국가가 환호했다. 오죽하면 마을 아낙네들까지 나서서 다윗에 관한 축하송을 지어 부를 정도였다.

사울이 죽인 자는 천천이요
다윗은 만만이로다.[2]

질투,
열등감의 표출

사울 왕은 이 여인들과 함께 국가의 영웅을 축하해 주지 못하고 분노에 휩싸였다. 그때부터 그는 다윗을 질투의 눈으로 바라보며 '언젠가 창으로 벽에 꽂아버리겠어!'라고 생각했다. 농담이 아니라 진짜로 그럴 생각이었다. 다윗의 인기와 영향력이 치솟을 때마다 그를 향한 사울의 '두려움'과 '공격성'은 점점 더 강해져만 갔다.

사울의 사례에서 보듯이 질투는 사방으로 작용한다. 일단, 우리는 자신보다 서열이 위인 사람들을 시기하며 그들의 추락을 남몰래 염원할 수 있다. 그런가 하면 우리보다 아래에 있는 사람들이 하루가 다르게 성장하는 모습을 보며 시기심을 느낄 수 있다. 이것이 많은 사장과 관리자들이 인재를 영입하지 않는 이유다. 그들은 인재가 성장하면 자신의 지위와 평판을 흔들리게 할까봐 두려워한다.

같은 이유로, 담임목사들도 실력 있는 젊은 목회자들을 모른 체하고, 베스트셀러 작가들은 실력 있는 신인 작가들에 관한 좋은 소문을 퍼뜨리지 않으려고 하며, 인기 연예인들은 재능 있는 신인 연예인들에 관한 이야기를 꺼려한다.

"사울이 죽인 자는 천천이요." 이 자체로는 최고의 칭찬처럼 들린다. 이스라엘의 여인네들에 따르면, 사울 왕은 혼자서 '수천'의 적을 무찌르고 나라를 지켜낸 영웅이었다. 하지만 C. S. 루이스의 글이 설명해 주듯이 사울을 향한 찬사를 다윗을 향한 찬사 옆에 두자 "사울이 죽인 자는 천천이요"가 갑자기 칭찬보다는 모욕에 가깝게 보인다.

그렇다. 교만은 본질적으로 경쟁적이다. 무엇인가 가진 것으로 만족하지 못하고, 그것을 옆 사람보다 더 가져야만 직성이 풀린다. 나머지 모든 사람의 위에 있어야만 만족한다. 컨트리 가수 게리 앨런(Gary Allan)의 말을 빌자면 "달이 되고도 별들을 질투할 수 있다."

목사로서 나도 교만에서 자유롭지 못하다. 안수를 받은 뒤로는 항상 나를 다른 목사들과 비교했다. 50명의 성도와 10만 달러의 예산으로 교회를 개척할 때는 70명과 15만 달러로 목회하는 개척 교회 목사들, 특히 나와 같은 해 신학교를 졸업한 목사들을 부러워했다. 아니, 51명과 10만 1달러를 가진 교회를 발견해도 부러워했을 것이 분명하다.

당시 이런 생각을 했던 기억이 난다. '언젠가 나도 저 친구보다 훨씬 더 많은 성도와 훨씬 더 큰 규모의 건물을 갖춘 대형 교회의 목사가 되고 말겠어!' 적어도 내 동기 중 일부 동료들을 앞서고 싶었다. 하지만 그로부터 약 16년이 지난 지금 빚 한 푼도 없이 꽤 큰 교회를 담임하고 있으면서도 여전히 내 안에는 질투가 꿈틀대고 있다.

결국 나는 50명 교회의 목사가 70명 교회의 목사를 부러워하는 것만큼이나 3천 명 교회의 목사도 5천 명 교회의 목사를 질투할 수 있다는 사실을 깨달았다. 심지어 5천 명 교회의 목사가 50명 교회의 목사를 시기할 수도 있다.

질투는 언제, 어디서나 도사리고 있다. 나는 하나님의 나라가 이 땅에서 이루어지길 원한다. 하지만 이왕이면 그 일이 남들이 아닌 '나를 통해' 이루어지기를 은근히 바라고는 한다. 이 때문에 계속해서 내 마음을 지키고, 늘 예수님의 꾸지람과 은혜를 구해야 한다. 또한 망했으면 하는 사람들을 위해 오히려 자주 또 진정으로 기도해야만 한다.

그렇다. 우리 목사들도 여느 리더들과 똑같이 육신과 마귀, 교만에 취약하다. 국가의 리더들, 사상을 선도하는 리더들, 저자들, 부모들, 운동선수들, 비영리 단체 리더들, 예술가들, 공직자들, 기업가들, 목사들 … 종류를 막론한 모든 리더가 예수님의 본보기와 징계, 사랑 없이는 경쟁과 비교로 흐를 수밖에 없는 마음을 갖고 있다.

내 마음속 다윗들

당신도 그렇다는 것을 실감한 적이 있는가? 당신 삶 속의 '다윗들'은 누구인가? 당신의 천천에 비해 만만을 죽인 자들은 누구인가? 그들이 성공하고 갈채를 받고 인정을 받는 모습을 보기가 힘든가? 하나님이 그들에게 더 큰 팀이나 더 큰 입지, 더 큰 성공, 더 많고 더 시끄럽게 열광하는 팬들, 더 큰 자원, 더 편한 삶을 주셨다는 사실을 확인할 때마다 마음이 괴로운가? 천천을 죽이고서 사람들의 관심을 즐기다가 만만을 죽인 사람을 향한 사람들의 환호성을 듣고 기분을 망쳤던 경험이 있는가? 당신보다 지위도 낮은 사람이 눈부신 성과로 당신에게 쏠렸던 관심을 앗아갈 때 분노한 적이 있는가?

그렇다면 당신은 나와 아주 비슷한 사람이다. 동시에 당신이 부러워하는 사람들과도 아주 비슷한 사람이다. 당신의 눈에는 그들의 초장이 더 푸르러 보이지만 그들의 눈에는 전혀 그렇지 않다.

그들도 자신의 초장보다 더 푸르러 '보이는' 초장을 부러워하고 있다. 당신보다 영향력이 큰 사람들은 자신보다 영향력이 큰 다른 누군가를 부러워하고 있다. 당신보다 자원이 많은 사람들은 자신보다 자원이 많은 다른 누군가를 질투하고 있다. 당신의 자녀보다 더 공부를 잘하고 말을 잘 듣는 자녀를 둔 사람들은 성적이 더 높은 다른 집 자녀를 바라보며 한숨을 쉬고 있다.

영국의 무신론 철학자 버트런드 러셀(Bertrand Russell)은 이런 말을 했다.

> 질투는 모든 것을 그 자체로 보지 않고 다른 것들과의 관계 속에서 보는 것이다. 영광을 원하면 나폴레옹을 부러워할 수 있다. 하지만 나폴레옹은 시저를 부러워했고, 시저는 알렉산더를 부러워했다. 필시 알렉산더는 존재하지도 않는 헤라클레스를 부러워했을 것이다.[3]

러셀의 통찰은 심오할 뿐 아니라 뜻밖에도 성경의 시각과 정확히 일치한다. 성경이 말하는 '이기적인 야망', 즉 자신을 위해 위대함과 영광을 추구하는 길은 결국 막다른 골목에 이를 뿐이다. 다시 말해, 부질없는 짓이다. 무지개 끝까지 열심히 달려가 봐야 거기에는 황금 항아리가 있은 적도 없고 있을 예정도 없다는 사실만 발견할 뿐이다.

최고 중에 최고가 되고 가장 위대한 사람이 되려는 사울과 같은 욕심은 만족을 모르고 계속해서 '더 많이'를 원하게 되어 있다. 설령 결국 성공해서 모두가 부러워할 만한 삶을 살게 되어도 마찬가지다.

몇 년 전 호주의 18세 '인스타그램 스타' 에세나 오닐(Essena O'Neill)에 관한 이야기를 들었다. 오닐은 어린 나이에 수많은 소녀들이 소셜 미디어 세계의 지배자로 받들 만큼 큰 성공을 거두었다. 오닐은 자신의 도발적인 사진들과 동영상을 온라인에 올리면서 순식간에 스타로 부상했다. 한 기사에 따르면 오닐은 50만 명 이상의 인스타그램 팔로워와 25만 명 이상의 유튜브 구독자로 온라인에서 센세이션을 일으켰다. 덕분에 18세에 경제적으로 자립하고 여러 대도시에서 모델 제의를 받았다.

그런데 온 세상을 손에 쥔 것만 같았던 이 18세 소녀는 나날이 불어나는 팬으로 인해 모든 것을 그만둔다는 폭탄 선언을 했다. 인기는 점점 치솟았지만 점점 심해지는 "남들의 사랑에 대한 중독"으로 가짜 인생을 살게 된 것이 이 소녀를 불행하게 만들었다.

남들에게 가치 있는 존재가 될 수 있다는 것이 좋았다. 사람들의 사랑에 대한 중독이 눈덩이처럼 불어났다. … 맞다. 16세의 에세나는 "태권 소녀, 꿈같은 삶을 살고 있군!"이란 말을 들을 만하다. 그런데 왜 나는 이토록 혼란스럽고 외롭고 불행한 걸까? 소셜 미디어는 내 유일한 정체성이 되었다. 소셜 미디어 없이는 내가 누구인지조차 알지 못했다.[4]

소셜 미디어가 없으니까 얼마나 자유로운지 모르겠다. 다시는 숫자에 따라 나를 정의하지 않겠다. 숨이 막혀 죽는 줄 알았다. 50만 명의 팔로워를 거느려도 소용이 없었다. 나는 여느 소녀와 똑같이 남들의 완벽한 삶을 보며 내 삶도 그렇게 만들려고 애쓰고 있었다. … 내가 성공했을까? 전혀 아니다. 완전히 실패다.[5]

소셜 미디어 세계에서는 오닐이 성공했다고 말할지도 모른다. 오닐은 만만을 죽여 수많은 무리의 선망의 대상이 되었다. 하지만 놀랍게도 유명인 자리에 앉은 지 불과 2년 만에 나폴레옹이 시저를 부러워했고, 시저는 알렉산더를 부러워했고, 알렉산더는 존재하지도 않는 헤라클레스를 부러워했다는 사실을 뼈저리게 깨달았다.

우리는 헤라클레스가 되도록 창조되지 않았다. 우리의 영혼은 인기나 이기적인 자기발전과는 어울리지 않는다. 우리는 동상 받침대 위에 서도록 지음을 받지 않았다. 오히려 우리는 쇠하도록, 낮아지도록 창조되었다. 모든 영광과 명예, 갈채는 사울이 아닌, 심지어 다윗도 아닌 다윗의 자손 곧 하나님의 아들 예수 그리스도께 돌아가야 한다. 우리는 세례 요한과 함께 "그는 흥하여야 하겠고 나는 쇠하여야 하리라"(요 3:30)라고 고백해야 한다.

작가 앤 보스캠프(Ann Voskamp)가 '기독교 유명인'이란 이상 현상에 관한 카렌 예이츠(Karen Yates)의 블로그 포스트에 대한 화답으로 쓴 글을 읽어 보자.

> 그리스도가 가졌던 유일한 발판은 와서 죽는 곳 … 벌거벗고 노출되고 작아지고 전적으로 하나님의 것이 되는 곳이었음을 알게 되었다. … 자신의 발판을 제단으로 여기는, 즉 그리스도를 위한 완전한 희생 제물로써 삶을 바칠 제단으로 여기는 모든 목사와 선생, 저자에게 겸허히 감사한다. … 하나님이 예수님의 이름을 높이라고 주신 발판을 인간의 찬사를 받는 동상 받침대로 바꾸지 말아야 한다. 하나님은 오직 그분이 높아지도록, 그들은 쇠하도록, 사람은 오직 하나님만 보여 주는 투명한 유리가 되도록 발판을 주셨다.[6]

고아들의 천사였던 인도 선교사 에이미 카마이클(Amy Carmichael)이야말로 보스캠프의 요지를 가장 아름답게 보여 준 인물이 아닐까 싶다.

카마이클이 세상을 떠나고 그녀의 사진들을 정리하던 가족들은 그녀의 독사진이 단 한 장도 없다는 사실을 발견했다. 셀피가 단 한 장도 없다니! 하나같이 하나님이 사랑하는 사람들의 세상 속에서 행하신 선한 역사를 기념하는 사진들뿐이었다. 카마이클의 입지는 에세나 오닐처럼 꽤 컸다. 카마이클은 오직 타인을 사랑하고 돕는 일에만 자신의 입지를 사용했다. 하나님은 그분의 이름을 높이기 위해 그녀에게 입지를 주신 것이었다. 그녀는 쇠하여야만 했다. 그 뜻에 따라 그녀는 "오직 하나님만 보여 주는 투명한 유리"가 되었다.

비즈니스 분야의 저자 짐 콜린스(Jim Collins)는 이런 사람을 '단계5의 리더'라 부른다. 콜린스에 따르면 15년 이상 성장세를 유지한 조직에는 하나같이 이런 종류의 리더가 있다. 그가 '겸손한 CEO'라고도 부른 단계5의 리더에게는 흔히 조용한, 겸손한, 수수한, 말수가 적은, 수줍어하는, 친절한, 온화한, 자신을 내세우지 않는, 절제된과 같은 수식어가 붙는다. 이런 리더는 아부를 좋아하지 않는다. 이들은 '개인적인 겸손과 직업적인 의지의 역설적인 혼합'이라고 할 수 있다.[7]

에이미 카마이클과 마찬가지로 단계5의 리더들은 부풀어진 자아를 갖고 있지 않되 감정적으로 충만하다. 그들은 자신감이 넘치되 자만하지는 않는다. 그들은 남들의 관심을 끌려고 하기보다는 남들에게 관심을 쏟는 데 더 열심이다. 그들의 사진첩에는 셀피보다는 대부분 자신이 혼신의 힘을 다해 섬기는 사람들의 사진으로 채워져 있다. 우리가 그들에게 모든 관심을 온전히 집중하는 것은 무엇보다도 그들이 관심을 받는 데 아무런 관심이 없어 보이기 때문이다.

그들과 함께 있으면 관심을 받고 있다는 느낌이 든다. 중요한 사람이 된 것 같은 기분을 느낀다. 그들이 나를 좋아해 주고 있구나 하는 느낌을 받는다. 그들이 자신의 영광과 발전을 위하지 않고 더 큰 선을 추구하고 있다는 것을 피부로 느끼게 된다. 그들은 '권좌'에서 물러나 다른 리더에게 그 자리를 넘겨 주는 것이 더 큰 선에 최선이라면 주저 없이 그렇게 할 사람들이라는 확신을 갖게 만든다. 단계5의 리더들에게서는 사울의 모습은 거의 없고 요나단의 모습만 가득하다.

리더여,
질투에서 자유로워지라

사울의 아들이자 다윗의 친구였던 요나단을 기억하는가? 요나단은 앤 보스캠프와 에이미 카마이클, 단계5의 리더들처럼 친구를 위해 생명을 내어놓는 숭고한 행위를 통해 질투와 라이벌 의식을 이겨낸 젊은이다.

사울과 요나단을 살펴보면 부자이면서도 그렇게 다를 수가 없다. 골리앗 사건 이후 온 국민의 관심이 다윗에게로 옮겨가고, 온 나라의 여인들이 다윗의 눈부신 전공을 노래하기 시작하자 사울은 자신의 지위를 지키고자 다윗을 제거할 마음을 먹었다. 하지만 그와는 정반대로, 그 아들 요나단은 자신의 지위를 포기하면서까지 다윗을 높이기를 원했다.

사무엘상 18장을 보면 요나단의 영혼은 다윗의 영혼과 하나로 묶여 있었다. 그래서 요나단은 다윗을 마치 자신처럼 사랑했다. 나아가, 요나단은 다윗과 '언약'까지 맺었다. 그때부터 다윗을 향한 요나단의 말과 행동에는 늘 깊은 사랑과 우정이 담겨 있었다. "형제여, 어떤 경우에도 너와 함께 가겠다. 나는 영원히 너의 편이다." 요나단은 모든 행동으로 이 말을 실천했다.

사울은 다윗을 질투했지만 요나단은 다윗을 선망했다. 사울은 자신의 이익을 위해 얼마든지 다윗의 목숨을 희생시킬 수 있었지만 요나단은 다윗의 이익을 위해 얼마든지 자신의 목숨을 희생할 수 있었다.

사실, 다윗이 골리앗을 죽인 뒤에 가장 위기감을 느껴야 마땅한 인물은 바로 요나단이었다. 요나단은 아버지 사울의 왕좌를 물려받아야 할 황태자였다. 하지만 하나님이 자신이 아닌 다윗에게 왕국을 넘길 것이라는 사무엘의 예언을 듣고 요나단은 기꺼이 하나님의 뜻에 순종했다. 기를 쓰고 하나님의 뜻을 거역했던 아버지와는 너무도 다른 모습이었다.

다윗과 비교해서 위대해지고 싶었던 사울은 오히려 작아졌다. 하지만 다윗에 비해 작아지고 싶었던 요나단은 오히려 위대해졌다.

사울은 왕의 지위를 필사적으로 움켜쥐었다. 하지만 그럴수록 그는 더 왕답지 못한 왕이 되어갔다. 반면, 요나단은 왕이 될 권리를 내려놓았다. 그랬더니 오히려 더 왕 같은 인물이 되었다. 비록 아버지의 왕위를 물려받지는 못했지만 그의 신실한 인격은 그를 아버지보다 훨씬 더 나은 리더로 만들었다.

요나단은 구체적으로 어떻게 했을까? 그는 왕족의 신분을 상징하는 왕복을 다윗에게 벗어 주었다. 그런 다음에는 자신의 검까지 넘겼다. 그로 인해 스스로 위험에 빠졌다. 권력이 한 가문에서 다른 가문으로 넘어가면 새 왕은 일반적으로 이전 왕가의 씨를 말렸다. 요나단이 다윗에게 검을 넘긴 것은 이런 의미였다. "원래 내가 물려받아 마땅한 왕좌에 네가 오를 수 있도록 내 목숨조차 너에게 맡기겠다."

요나단은 그런 엄청난 일을 벌일 내적 힘을 어떻게 얻을 수 있었을까? 적어도 아버지 사울이 오래 전에 잊어버렸던 뭔가에 관한 기억이 큰 역할을 했으리라 생각된다.

인생은 그날이 풀과 같으며 그 영화가 들의 꽃과 같도다. 그것은 바람이 지나가면 없어지나니 그 있던 자리도 다시 알지 못하거니와 여호와의 인자하심(원문은 '언약의 사랑'을 의미하는 '헤세드(hesed)')은 자기를 경외하는 자에게 영원부터 영원까지 이르며 그의 의는 자손의 자손에게 이르리니(시 103:15-17).

이 대목에서, 언제라도 질투에 빠질 수 있는 리더들은 중요한 질문에 마주하게 된다. 우리도 요나단처럼 자유로울 수 있을까? 우리가 더 좋고 훌륭한 '우리 안의 요나단'을 위해 '우리 안의 사울'을 버리는 것이 과연 가능할까?

답은 "그렇다"이다. 단, 우리가 자유로워지려면 먼저 나폴레옹에서 알렉산더와 헤라클레스, 다윗까지 대상이 누구든 우리가 그에게 느끼는 질투의 실체를 똑똑히 보아야 한다. 질투는 바로 쓸데없는 짓이다!

다윗과 요나단은 강력했을 뿐 아니라 '안전'하고 '누구나 다가갈 수 있는' 인물들이었다. 그들은 셀피만 찍어대지 않는 단계5의 리더들이었다. 최상의 모습일 때 그들은 남들의 번영을 위해 자신의 생명을 내려놓았고, 관심을 추구하지 않음으로써 관심을 모았으며, 왕처럼 굴지 않음으로써 왕이 되었고, 경망스럽거나 교만하지 않았다. 그들은 조용하고, 따뜻하고, 겸손하고, 수수하고, 말수가 적고, 수줍음을 타고, 친절하고, 온화하고, 자신을 내세우지 않고, 절제미를 갖춘 인물들이었다. 나아가 그들은 남들의 아부를 믿지 않고 개인적인 겸손과 직업적인 의지가 역설적으로 혼합된 인물들이었다.

　다윗과 요나단은 더 높은 왕이요 더 위대한 친구이신 분 곧 하나님 앞에서 삶을 살았던 사람들이다. 훗날 '위대한 다윗의 더 위대한 자손' 예수님이 인간의 몸을 입은 하나님으로 이 세상에 들어오셨다. 예수님은 자신을 낮추심으로써 세상을 이기신 왕이 되셨다. 형제보다 가까운 친구, 언약으로 인해 자신의 목숨을 버림으로써 진정한 친구가 되셨다.

　영원히 이어지며 계속해서 흥할 나라의 왕이신 예수님, 우주의 구석구석까지 빠짐없이 보며 "내 것"이라고 선포하시는 분은[8] 자신을 희생함으로써 권리를 얻으셨다. 그분은 낮은 자리에 앉음으로써 높임을 받으셨다. 평강의 왕이신 예수님은 왕복을 벗어 우리에게 입혀 주셨다. 예수님은 우리에게 자신의 검을 넘겨 주시고 스스로 취약해지셨다.

　그런데 우리는 그 기회를 틈타 그분을 공격했다. 그러나 그분은 반격하시지 않았다. 라이벌 의식과 교만에서 비롯한 그 어떤 행동도 취하지 않았다. 오히려 겸손히 낮아져 우리를 자신보다 더 중요하게 여기셨다. 자신의 이익보다는 이기주의로 죽어가는 인간의 안타까운 상황을 보셨다. 예수님은 왕좌의 마땅한 후계자임에도 불구하고 영광을 뒤로 한 채 아무것도 아닌 십자가의 죽음에 순종하셨다. 다름 아닌 이기적이고 비천한 우리를 살리기 위해서였다.

　이런 사랑 앞에서 또 다시 경쟁하고 비교하려고 하는가? 왜 스스로 위대해지려고 하는가? 헤라클레스 때문에? 제발! 헤라클레스는 존재하지 않는다.

주의 손가락으로 만드신 주의 하늘과 주께서 베풀어 두신 달과 별들을
내가 보오니 사람이 무엇이기에 주께서 그를 생각하시며
인자가 무엇이기에 주께서 그를 돌보시나이까 그를 하나님보다
조금 못하게 하시고 영화와 존귀로 관을 씌우셨나이다
주의 손으로 만드신 것을 다스리게 하시고 만물을 그의 발아래 두셨으니

-시편 8편 3-6절

Chapter 5

불안감에 휩싸일 때

하나님의 음성에 집중하라

인터넷에서 종교와 영성에 관한 책을 찾아보면 무려 150만 권에 육박한다. 종교와 영성에 관한 책이 쏟아져 나오고 그만큼 수요도 넘치는 현상은 우리 안에 해갈되지 않은 갈증이 존재한다는 확실한 증거다. 사는 곳과 인생의 상황, 가치관은 천차만별이라도 우리 모두는 정도만 다를 뿐 완벽한 내적 안정과 평정을 찾고 있다. 하지만 누구도 아직 그것을 경험하지 못했다. 이러한 내적 불만족,

자신에 대한 이 원초적인 불안감은 아일랜드 밴드 U2의 유명한 노래 가사에 잘 표현되어 있다.

> 나라가 임할 줄 믿습니다.
> 그때 피부색이 하나가 되리. 하나가 되리.
> 하지만 그래, 나는 여전히 달리고 있지.
> 당신은 속박을 깨고 사슬을 푸셨습니다.
> 당신은 제 수치, 오 제 수치의 십자가를 지셨습니다.
> 믿어 의심치 않습니다.
> 하지만 나는 찾는 것을 아직 찾지 못했네.[1]

분명 이 노래 가사는 우리 수치의 십자가를 지신 예수님을 지칭하는 것이다. 보노(Bono)와 멤버들(대부분이 그리스도인이다)은 자신보다 더 큰 명성과 영향력을 지닌 분, 죽으셨다 다시 살아나셨으며 다시 오실 예수 그리스도에 대한 확신으로 이 노래를 쓰고 불렀다. 그들은 더 이상 고통도 혼란도 슬픔도 없는 새 세상을 기대하는 마음으로 이 노래를 불렀다.

그들의 믿음은 구원의 이야기를 바탕으로 한다. 창조주가 죄와 자아에 대한 속박을 깨고 불의의 사슬을 풀며 우리가 부인하고 숨기는 온갖 수치스러운 것을 다 덮어 주셨다는 놀라운 이야기이다. 하지만 이런 것을 믿고 막대한 영향력을 떨치며 살아도 간절히 찾는 것을 아직 찾지 못했다는 답답한 느낌을 떨쳐내지 못했다.

어떤가? 이 노랫말에 공감하는가? 가사 이면에서 울리는 해방을 위한 아우성이 들리는가? '이미'와 '아직' 사이의 긴장이 느껴지는가? 인간의 눈에 세상의 꼭대기에 서고도 여전히 세상에서 자신의 자리에 대해 불안해하며 떠는 심정이 이해가 가는가? 대부분이 이 노랫말에 고통스럽게 고개를 끄덕일 것이다. 내적 안정과 평정을 향한 갈망, '완전'해졌다는 느낌에 대한 갈망은 하나님을 믿든 믿지 않든 모든 인간이 똑같이 느끼는 갈망이다.

리더십이라는
특별한 소망과 싸우다

이런 내적 갈등은 리더들과 유력 인사들에게서 특히 흔하게 나타난다. 리더로서 나는 특별히 일과 목표의 측면에서 고통스러운 불안감을 경험하고 있다. 많은 사람이 내 목회를 보며 성공이라는 표현을 갖다 붙이지만 모든 사역이 더할 나위 없이 원활하게 진행될 때도 내 안에는 여전히 불균형이 존재한다.

내가 가장 자주 드리는 기도는 한번 자리에 누우면 아침까지 깨지 않고 쭉 자게 해 달라는 것이다. 거의 매일 밤, 꼭 한두 시간은 뒤척이기 때문이다. 선입관, 자기 의심, 깨진 기대와 실현되지 못한 목표 및 꿈으로 인한 불만족, 나 스스로 지운 부담이나 남들이 내게 지운 부담, 전날과 앞날의 부담, 내 일이 만족스럽거나 완벽하게 진행되지 않고 있다는 찝찝함과 씨름하다보면 한두 시간이 훌쩍 간다.

다시 말해, 나는 리더십이라는 특별한 소명과 씨름하고 있다. 리더의 자리는 말할 수 없는 특권이면서도 종종 홀로 짊어지고 가야 하는 무거운 짐이기도 하다. 한밤중에는 체크리스트, 스케줄, 마감일, 모임, 휴대폰 같은 방해 요소가 없이 조용하기 때문에 하나님과 관련된 내적 불안정과도 씨름하게 된다.

내 경우는 세상이 고요할 때 하나님의 임재가 가장 분명하게 느껴진다. 하지만 하나님의 임재가 항상 위로가 되는 것은 아니다. 때로는 한밤중에 하나님의 임재 가운데 있거나 하나님에 관해 생각하면 오히려 심란하고 답답해진다. 하나님의 임재만큼 나의 부족함과 작음을 상기시키는 것도 없다. 지금부터 1백 년이 지나면 지금 내가 사는 이 힘든 세상은 내 이름을 완전히 잊어버릴 것이다. 나는 죽고 세상은 계속 돌아갈 것이다. 심지어 우리 교회에도 1백 년이 지나면 나에 관해 들어본 사람이 단 한 명도 없을 것이다. 아마 내 손자의 손자의 손자들도 내 이름을 모르고 내 업적에 관심이 없을 가능성이 지극히 크다.

그렇다. 내 마음이 아우성을 친다. 내적 삶은 위로와 비난, 쉼과 불안, 하나님의 은혜로 인한 기쁨과 은혜가 부족한 나로 인한 절망, 그리스도 안에서 나의 완전함을 아는 것과 불완전하게 느끼는 것이 뒤섞인 모순의 바다다. 여기에 더해, 리더라는 내 소명과 관련해서 열정과 패배감을 동시에 느끼고 있다. 특히 한밤중에는 하나님이 내 피난처가 되어 주시는 동시에 어두움이 동반자가 되어 나를 졸졸 따라다닌다. 고요한 밤 하나님의 임재 가운데서 수많은 걱정과 근심, 자기혐오, 죄책감이 걷잡을 수 없이 수면 위로 떠오른다. 그리고 정말 솔직히 고백하자면, 한밤중에 예수님의 말씀이 내게 통하지 않는다. 아니, 더 정확히 말하면 내 마음이 말을 듣지 않는다.

> 수고하고 무거운 짐 진 자들아, 다 내게로 오라 내가 너희를 쉬게 하리라 나는 마음이 온유하고 겸손하니 나의 멍에를 메고 내게 배우라 그리하면 너희 마음이 쉼을 얻으리니 이는 내 멍에는 쉽고 내 짐은 가벼움이라(마 11:28-30).

내게는 때로 멍에가 어렵게 느껴지고 짐이 무겁게 느껴진다. 그리고 나 홀로 모든 멍에와 짐을 지는 것처럼 느껴지기도 한다. 지금은 고인이 된 가톨릭 신부 브레넌 매닝(Brennan Manning)의 다음 말이 그렇게 공감이 갈 수가 없다. 지금도 나는 그에게서 은혜에 관해 많은 것을 배우고 있다.

> 솔직히 말하면 내가 모순덩어리라는 것을 인정할 수밖에 없다. 나는 믿는 동시에 의심한다. 소망을 품는 동시에 낙심한다. 사랑하는 동시에 미워한다. 기분이 좋은 것에 기분이 나빠하고 죄책감을 느끼지 않는 것에 죄책감을 느낀다. 신뢰하는 동시에 의심스럽게 바라본다. 정직한 동시에 속임수를 쓴다. 아리스토텔레스는 내가 이성적인 동물이라고 말했다. 나는 내가 주량이 엄청난 천사라고 말하고 싶다.[2]

브레넌 매닝을 좋아하는 이유는 바로 이런 투박할 정도로 정직한 발언 때문이다. 그리고 나도 매닝처럼 모순덩어리다.

매닝의 이 글을 읽을 때마다 한밤중에 내 머릿속에 떠오르는 불안하고 혼란스러운 생각들에 관해 희망이 생긴다. 아울러 독일 신학자 루돌프 오토(Rudolph Otto)가 하나님의 임재 가운데 들어갔던 성경 속 인물들에 관해 했던 말이 떠오른다. "그들이 경험했던 하나님의 임재는 벌벌 떨게 만들 만큼 충격적이고 위험했다. 루이스가 나니아 나라의 아슬란을 빗대 사용한 표현에 따르면, 그분은 선하지만 안전하지는 않다."[3]

성경에서 우리가 찾는 것을 완벽히 찾지 못해도 괜찮다는 메시지를 던지는 이야기 하나를 찾을 수 있다. 이것은 옛 이스라엘의 족장 야곱에 관한 이야기다.

야곱은 한밤중에 깨어 하나님과 씨름했다. 이 이야기에서 한밤중에 불안감, 자기 의심, 불면증과 씨름하는 것이 영적 방황보다는 영적 '활력'의 증거일 수도 있다는 사실을 발견하고 얼마나 큰 위로가 되었는지 모른다. 그것은 영적으로 비어 있다는 증거보다 영적으로 '충만'하다는 증거일 수도 있다. 또한 야곱의 이야기는 내가 불안감과 씨름할 때 하나님이 멀리 계시지 않고 오히려 '가까이' 계실 수도 있다는 희망을 준다.

마돈나처럼,

야곱처럼!

야곱의 이야기, 특별히 불안감과 씨름하는 대목은 창세기 32장 22-32절에 기록되어 있다. 이삭의 아들 야곱은 어두운 밤 하나님의 임재 안에서 홀로 사투를 벌이고 있었다. "영혼의 어두운 밤"이라는 제목이 딱 어울릴 만한 장면이다. 야곱은 작고 하찮은 목소리가 아니라 강하고 권위 있는 목소리가 자신에게 복을 선포하는 순간을 평생 기다려 왔다. 그는 "야곱아, 괜찮다. 내가 너를 눈여겨보고 있다. 내가 너를 사랑한다. 내가 너를 좋아한다. 너는 가치가 있어. 너는 중요해"라는 음성을 원했다.

야곱에게서 우리는 대부분의 리더와 유력 인사가 갖고 있는 특징 하나를 발견할 수 있다. 그것은 바로 그가 불안감에 쫓겼다는 것이다. 현대의 유명 인사 중 한 명에게서도 이 특징이 나타난다. 그 칠흑 같은 밤, 야곱은 팝 스타 마돈나를 평생 괴롭혔던 것과 비슷한 불안감과 사투를 벌이고 있지 않았을까?

> (후회할 거리가) 정말 많다. … 하나도 없다. 하지 말 걸 하는 일이 많지만 반대로 그런 일을 하지 않았다면 지금의 나는 없었을 것이다. 물론 나처럼 일하는 사람이 없기도 하다. 나는 무쇠처럼 강한 의지를 갖고 있다. 그 의지로 끔찍한 불안감을 늘 극복해 왔다. 나는 항상 두려움에 시달렸다. 두려움의 발작을 한 번 극복하고 나면 나 자신이 특별한 인간처럼 느껴지지만 이내 또 다른 두려움이 솟아나 내가 평범하고 재미없는 인간처럼 느껴진다. 그러면 나는 또 다시 그 두려움에서 벗어날 방법을 찾는다. 내 인생의 열정은 평범함에 대한 이 지독한 두려움에서 나온다. 이 두려움이 계속해서 내 등을 민다. 대단한 사람이 되었지만 여전히 그 점을 증명해야 한다. 내 씨름은 끝나지 않았고 아마 앞으로도 영원히 끝나지 않을 것이다.[4]

마돈나처럼 야곱도 불안감에 쫓겼다. 아무도 자신을 모를 것이라는 두려움에 시달렸다. 세상과 하나님, 자신의 눈에 대단한 사람이 아닌 하찮은 인간으로 생을 마감할지 모른다는 두려움이 짓눌렀다.

마돈나의 경우, 30년 동안 이어진 성공에도 불구하고 대단한 사람으로 인정받지 못할지 모른다는 불안감과 두려움이 여전히 남아 있다. 60대의 나이에도 그녀는 여전히 세계에서 가장 유명한 팝 스타 가운데 한 명이다. 그런데도 여전히 자신의 씨름이 끝나지 않았고 앞으로도 끝나지 않을 것이라고 말한다.

내가 내슈빌의 목사로서 누리는 특권 중 하나는 여러 가수와 그룹을 직접 대면할 수 있다는 것이다. 1년 중 6일 동안 내슈빌의 유서 깊은 라이먼 회관(Ryman Auditorium)에서 출연 음악가들에게 짧은 설교와 기도를 해 준다. 종종 무대 뒤에서 음악가들과 이야기할 기회가 생긴다. 최근에는 누구나 이름만 대면 다 아는 여자 가수와 10분 정도 이야기를 나누었다. 마돈나처럼 그녀는 인기 가수이자 유력 인사의 삶을 즐기는 동시에 괴로워했다. 대화 도중 나는 인기 가수의 삶이 어떠냐고 물었다. 엄청난 수의 팬들에게 열렬한 환호를 받고 음악으로 수많은 사람에게 사람에게 영향을 미치는 기분이 어떤지를 알고 싶었다.

그녀는 잠시 생각에 잠기더니 이내 입을 열었다. "인기 가수로 사는 것이 어떤지를 정말 알고 싶으세요? 솔직히 말해도 될까요? 밤마다 드넓은 스타디움이 꽉 차요. 밤마다 광팬들이 저의 한마디에 죽는 시늉까지 하죠. 이제 불과 5분이면 저는 역사적인 라이먼 회관의 무대에 서서 그 스릴을 다시 맛볼 거예요. 내일도 또다른 도시의 또 다른 무대에서 그럴 거예요. 그 다음 밤도, 그 다음밤도, 계속해서 말이에요. 그런데 그거 아세요? 무대에 한 발을 내딛는 순간부터 다시 무대 뒤로 나올 때까지 저는 이곳에서 가장 외로운 사람이 된답니다."

이 가수의 말은 보노나 마돈나, 어거스틴의 말과 똑같은 사실을 알려 준다. 그것은 우리의 마음은 하나님 안에서 안정을 찾기 전까지는 불안할 수밖에 없다는 사실이다. 우리의 마음은 하나님 안에서 쉼을 찾기 전까지는 쉴 수 없다. 아무리 많은 갈채나 칭찬, 연말 보너스, "잘했어!"도 우리의 답답함을 달래 줄 수 없다. 그것들은 우리가 찾는 것을 찾는 데 궁극적인 도움이 되지 않는다. 오직 하나님의 강하고도 권위 있는 음성만이 우리의 깊은 갈증을 해소해 줄 수 있다.

야곱의 불안감은 어릴 적부터 그를 따라다녔다. 야곱은 이삭의 쌍둥이 중에서 둘째였다. 그는 어릴 적부터 자신이 언제까지나 아버지가 '두 번째로' 좋아하는 자식일 수밖에 없다는 답답한 현실의 벽 앞에서 살았다. 성경을 보면 이삭은 야곱의 쌍둥이 형 에서를 더 사랑했다. 당연히 그것은 야곱에게 말할 수 없이 깊은 상처를 안겨 주었다.

더 이상 인정 패치는 필요하지 않다

야곱의 어린 시절에 관해서 주목해야 할 점이 또 하나 있다. 아버지는 그에게 '야곱'이라고 이름을 지어 주었다. 어처구니없게도 그 이름의 뜻은 '거짓말쟁이'다. 이런 이름을 갖고 자라는 것이 상상이 가는가? 태어나는 순간부터 아버지가 자신을 축복하기는커녕 저주했다는 고통스러운 사실을 매일같이 다시 상기시켜 주는 이름을 가지고 자란 아이의 내면은 어떠할까? 겨우 걸음마를 하던 시절부터 흐뭇한 미소가 아닌 경멸의 눈빛으로 바라보던 아버지, 코흘리개 시절부터 대단한 존재가 아닌 하찮은 존재가 될 거라고 확신했던 아버지를 보며 자란다는 것은 얼마나 괴로운 일일까?

야곱은 아버지의 부정적인 판결을 뒤집기 위해 급기야 극단적인 행동을 취하고 말았다. 그와 형 에서가 성인이 되었을 때는 아버지 이삭은 시력을 잃고 죽을 날만 기다리던 상태였다. 어느 날 그는 아버지를 찾아가 형의 행세를 했다. "아버지, 저 에서에요. 저를 축복해 주세요." 결국 야곱은 눈앞의 사람이 자신이 경멸하는 자식이 아닌 사랑하는 자식이라고 철석같이 믿고서 에서 대신 야곱을 축복했다.

혹자는 야곱의 기만이 신원 도용에 관해 기록된 첫 사례라고 말했다.[5] 그런데 야곱의 동기는 무엇이었을까? 왜 오래지 않아 아버지와 형에게 발각될 것을 뻔히 알면서도 그런 짓을 감행했을까? 심리 치료사들은 열이면 열 야곱이 세상의 모든 아이처럼 아버지의 축복을 갈망했기 때문이라고 대답할 것이다. 야곱은 무엇보다도 아버지가 해 주는 칭찬 한마디를 원했다. 형을 사칭해서라도 축복을 얻어낼 수 있다면 얼마든지 그 짓을 할 수 있었다. 간단히 말해, 야곱은 세상 무엇보다도 아버지의 입에서 나오는 "사랑한다, 좋아한다, 너는 내게 소중한 존재다"라는 말을 간절히 원했다.

우리 아이들도 나의 축복을 갈구했다. 예를 들어, 막내딸 엘리가 여섯 살 때 나더러 자기 앞에 앉아 자기가 책을 읽는 모습을 조용히 보라고 한 적이 있다. 그래서 나는 30분가량 아무 말 없이 엘리의 책 읽는 모습을 지켜보았다. 그러고 나서 녀석이 찾는 것을 주었다. "잘했다, 엘리! 자랑스럽구나. 정말 잘 읽는구나! 재미있었어!" 진심이었다.

아이로 하여금 자신이 혼자 책을 읽는 것 같은 지극히 평범한 일을 하는 동안에도 유심히 지켜봐 줄 누군가를 원하게 만드는 것은 무엇일까? 보노, 마돈나, 내가 라이먼 회관의 무대 뒤에서 만난 그 여가수, 야곱, 그리고 나 같은 리더와 유력 인사들은 물론이고 모든 성인의 마음속에도 바로 그것이 있다. 모든 아이의 마음속, 모든 성인의 마음속, 모든 리더의 마음속에는 자신을 유심히 보고 나서 칭찬하고 사랑해 줄 누군가, 자신을 속속들이 보고도 거부하지 않을 누군가에 대한 강한 갈망이 있다. 인정과 애정에 대한 갈망과 훨씬 더 대단한 사람의 눈에 대단한 사람으로 비추길 바라는 갈망과 안정에의 갈망이 존재한다.

코미디언이자 토크쇼 진행자인 엘런 드제너러스(Ellen DeGeneres)는 매일 소매 아래에 '인정 패치'를 붙이고 다닌다고 한다. 물론 우스갯소리다. 어쨌든 그의 설명에 따르면 인정 패치는 니코틴 패치와 비슷한 작용을 한다고 한다. 이 패치는 인정의 약효를 계속해서 조금씩 발산한다. 드제너러스는 갈망이 멈출 때까지 그 패치를 팔에서 떼어낼 수 없다고 한다.

하지만 그 갈망은 절대 멈추지 않는다. 드제너러스든 야곱이든 누구든 마찬가지다. 우리는 하나님의 형상을 따라 지음을 받았는데, 하나님의 존재 목적은 바로 영광과 찬양을 받는 것이다. 그렇다면 그분의 형상을 품은 우리가 칭찬을 갈구하는 것은 전혀 이상할 것이 없다.

그루초 막스(Groucho Marx)는 내가 가장 좋아하는 코미디언 가운데 한 명이다. 나는 그가 한 말에 크게 공감한다. 한 풍자극에서 그는 친구와 대화를 하면서 계속해서 자신에 관한 말만 했다. 한참 그러다가 그가 퍼뜩 자신의 실수를 깨닫고서 친구에게 자신의 이야기만 해서 미안하다고 사과한다. 그러고 나서 정중하게 말한다. "이제 내 이야기는 그만하고 너의 이야기를 해 보세. 자, 너는 나에 대해 어떻게 생각해?"

우리 모두가 인정 패치를 붙이고 살아가지 않는가? 사실, 바로 이것이 수많은 사람이 리더십과 영향력의 자리를 추구하는 이유다. 우리는 매분, 매시간, 매일, 매주, 매달, 매년 계속해서 작은 인정이라도 꾸준히 받기를 원한다.

갈망이 멈출 때까지 도저히 그 패치를 떼어낼 수 없다. 이것이 우리가 상사에게서 "얘기 좀 하세"라는 이메일이 날아오면 바짝 긴장하는 이유다. 이것이 한해가 끝날 무렵 우리가 곧 날아올 업무평가서를 두려워하는 이유다. 이것이 우리가 자신의 업계나 조직, 사역 분야에 새로운 인재가 나타날 때 위협을 느끼는 이유다. 이것이 우리가 한밤중에 뜬눈으로 내면의 야곱과, 그리고 하나님과 씨름을 벌이는 이유다. 그럴 때마다 우리는 '내 씨름은 끝나지 않았고 아마 앞으로도 영원히 끝나지 않을 것이다'라는 생각을 하게 된다.

창세기 32장에서도 야곱은 여전히 아픈 사람이다. 하나님은 그를 이스라엘 열두 지파의 시조로 선택하셨다. 그의 열두 아들이 열두 지파를 이루어 결국 하나의 완전한 나라를 세울 것이었다. 다시 말해, 그는 일국의 시조였다. 따라서 야곱의 상처가 치유되는 것이 무엇보다 중요했다. 야곱이 아버지의 오랜 저주와 무시에서 비롯한 상처에서 회복되려면, 영혼의 어두운 밤을 겪어야만 했다. 하나님, 자신을 거짓말쟁이라 이름 지을 아버지에게서 태어나게 하신 그 하나님과 씨름해야만 했다.

성경은 야곱이 동이 틀 때까지 밤새 하나님과 씨름을 했다고 말한다. 씨름에 관해 조금이라도 아는 사람이라면 알 것이다. 씨름판에서 단 3분만 끙끙거려도 진이 다 빠진다는 사실을 말이다. 그런데 야곱은 동이 틀 때까지 밤새도록 하나님과 씨름을 했다! 마침내 새벽이 밝아오자 하나님은 "나를 놔 주라"라고 말씀하셨다. 이에 몸은 지쳤어도 눈빛은 여전히 살아 있는 야곱이 대답했다. "저를 축복하시기 전까지 놓지 않겠습니다. '하나님'이 저를 축복하시기 전까지는 멈추지 않겠습니다. 궁극적인 '대단한 분'이 저 야곱이 거짓말쟁이가 아니라 사랑받는 자로, 천덕꾸러기가 아닌 기대를 한 몸에 받는 아들로, 하찮은 사람이 아닌 대단한 사람으로 대우를 받을 것이라고 확답하시기 전까지는 이 씨름을 그만 둘 수 없습니다."

바로 그 땅바닥에서, 동이 틀 때까지 밤새 하나님과 씨름하는 가운데, 야곱은 평생 찾던 것을 마침내 찾았다. 그는 자신이 태어

나기도 전부터 자신을 사랑해 온 '아버지'의 음성을 들었다. 그분은 자신이 형에서를 다스릴 것이라고 선포하셨던 아버지이며 눈먼 아버지가 아닌 자신의 뼛속까지 훤히 꿰뚫어보시는 아버지다. 그 아버지가 훗날 더 위대한 아들에게 주신 것과 비슷한 메시지를 그에게도 주셨다. "너는 내 사랑하는 아들이라. 내가 너를 기뻐하노라"(막 1:11).

더 이상 인정 패치는 필요하지 않다. 인정과 갈채를 받기 위한 끝없는 노력은 필요하지 않다. 평범하게 생을 마감하거나 유산이 잊힐까 하는 두려움을 떨쳐버려도 된다. 이제 야곱은 새로운 이름을 얻게 된다. 이제부터 "하나님과 씨름하는 자"를 뜻하는 "이스라엘"로 불리게 되었다.

불안감과 두려움의
마법이 풀리다

하나님과의 씨름에서 이겨 복을 얻으면 불안감과 두려움의 마법이 풀린다. 더 이상 인정과 갈채를 구걸하지 않고 사랑하고 섬기는 일에 전념할 수 있다. 사랑과 섬김, 바로 이것이야말로 리더가 해야 할 일이 아니던가.

최근 한 친구가 내게 보노와 유진 피터슨이 시편에 관해 대화를 나누는 놀라운 유튜브 동영상을 보냈다. 대화를 요청한 것은 보노였다. 보노가 피터슨의 책들을 읽고 그를 만나고 싶어 했다. 하지만 피터슨은 이사야서 번역에 한창 바빴기 때문에 그 만남을 정중히 거절했다. 그 역본은 성경을 현대어로 풀어서 쓴 현재의 메시지 성경으로 탄생하게 된다.

동영상에는 유진 피터슨의 인터뷰 장면도 있었다. 인터뷰 진행자는 목사이자 저자인 피터슨이 이유를 불문하고 전설적인 록 스타와의 만남을 사양했다는 사실에 충격을 금치 못했다. 그는 피터슨이 보노와의 만남을 거절한 최초의 사람일 것이라며 이렇게 말했다. "맙소사! 보노라고요!" 그때 유진 피터슨은 겸손하게(그리고 유머러스하게) 답변했다. "하지만 이건 이사야라고요!"

우리는 이미 대단한 사람이다. 눈이 먼 아버지가 아니라 우리의 뼛속까지 훤히 보시는 하늘 아버지께 축복과 사랑을 받은 사람이다. 우리는 애정이 담긴 이름을 받았고 아버지의 사랑 안에서 안정감을 누리는 존재다. 따라서 전설적인 록 스타의 만남 제의에도 연연할 필요가 없다. 다시 말해, 하나님의 사랑을 확신하면 남이 나를 주목하도록 내 이름을 날려야 한다는 강박관념에서 자유로워진다. 성과와 승진을 통해 혹은 남들을 이끌고 그들에게 영향력을 발휘해서 존재의 의미를 찾아야 할 필요성이 사라진다. 우리는 '이미' 하늘 아버지께 축복을 받은 존재다. 눈이 멀어 우리의 가치를 보지 못하는 아버지가 아니라 우리를 속속들이 알면서도 변함 없이 사랑해 주시는 하늘 아버지의 축복이 우리에게 무한히 들어 오고 있다.

개인적으로 보노와 유진 피터슨의 동영상에서 가장 신선했던 것은 피터슨이 보노를 범접할 수 없는 전설적인 록 스타가 아니라 자신과 똑같은 인간으로 대하는 모습이었다. 피터슨은 하늘 아버지의 축복 안에서 안정감을 누리고 있었기 때문에 보노와의 만남 이나 그의 인정을 필요로 하지 않았다.

또한 그는 자신이 전설적인 록 스타를 만났다는 사실을 온 세상에 알려야 할 '필요성'도 느끼지 않았다. 그 만남 이후에 "우리 집에서 좋은 친구 보노와 어울리는 나"란 제목의 셀피는 없었다. 심지어 #보노와나, 라는 해시태그도 없었다. 단지 몬태나 숲에서의 조용한 대화만 있었을 뿐이다. 피터슨은 하나님의 축복과 사랑 안에서 완벽한 안정감을 누렸기 때문에 눈앞에 있는 사람을 형제로 보며 사심 없이 사랑하고 그의 소리에 귀를 기울일 수 있었다. 눈앞의 사람은 전설적인 록 스타이기 전에 피터슨 자신과 마찬가지로 궁극적으로 '대단한 분'께 축복을 받아 명예욕의 마법에서 풀려난 믿음의 길의 동반자였다.

야곱의 씨름 이야기에서 핵심 구절은 그가 하나님께 한 "놔 드리지 않겠습니다"가 아닐까 싶다. 하나님의 축복을 붙잡기 위해 야곱은 이전에 붙잡고 있던 아버지 이삭의 축복에 대한 집착을 풀어야 했다. 그렇게 늘 자신을 꽉 잡고 계셨던 하나님을 반대로 자신이 꽉 붙잡자 마침내 그가 내내 찾던 것을 찾게 되었다. 비록 치열했던 씨름으로 영구적인 불구가 되었지만, 유진 피터슨의 표현을 빌자면 그는 마침내 자유롭게 "말들과 함께 달릴" 수 있는 사람이 되었다.[6]

영혼의 어두운 밤을 지나

야곱은 영혼의 어두운 밤에도 불구하고가 아니라 바로 그 어두운 밤 속에서 자신이 찾던 것을 마침내 찾았다. 그래서 이제 그는 마음껏 사랑하고 섬길 수 있게 되었다. 다시 말하지만, 사랑과 섬김이야말로 리더의 본분이다. 요지는 이것이다. 하나님을 두려워하라. 그러면 그 무엇도 두려워할 필요가 없다.

하나님을 두려워하라. 다시 말해, 작고 연약하고 유한하고 덧없는 목소리들의 무의미한 선포가 아니라 당신을 향한 그분의 선포에 궁극적인 의미를 두라. 그러면 마침내 자신을 사랑하고 섬길 자유를 얻게 될 것이다. 예수님이 생전에 하신 마지막 말씀인 "다 이루었다"는 하늘 아버지께서 당신을 향해 선포하신 '첫 번째' 말씀이기도 하다. 이것을 깨달을 때 다윗 왕의 다음 노래가 인생에서도 주제곡이 될 수 있을 것이다.

여호와는 나의 빛이요 나의 구원이시니 내가 누구를 두려워하
리요 여호와는 내 생명의 능력이시니 내가 누구를 무서워하리
요 … 나의 구원의 하나님이시여 나를 버리지 마시고 떠나지
마소서 내 부모는 나를 버렸으나 여호와는 나를 영접하시리이
다(시 27:1, 9-10절).

보노는 몬태나 숲속에서 유진 피터슨을 만나 자신이 찾던 것
을 찾은 것처럼 보였다. 하지만 피터슨은 답이 아니라 답으로 '가
는' 문이었다. 피터슨과 보노 모두에게 예수님이야말로 불안감과
영혼의 어두운 밤에 대한 답이다.

예수님은 진정한 야곱이다. 예수님은 이스라엘 지파들의 진
정한 시조요 왕이다. 예수님은 씨름꾼이기도 하다. 야곱은 그런
예수님의 그림자에 불과하다. 예수님은 버림받은 아들로서 하나
님과 씨름하셨다. 하지만 그분은 이기는 대신 지는 것을 선택하셨
다. 야곱은 기껏해야 절름발이가 되었지만 예수님은 영혼의 어두
운 밤을 지나 무덤에 들어가셨다.

십자가 위에서 예수님은 아버지의 축복을 잃고 대신 저주를
받으셨다. 저주 아래 놓였던 우리의 삶이 아버지의 축복을 받도록

하기 위해서 십자가를 지셨다. 십자가로 가는 길에서 예수님은 아버지를 잡은 손을 풀며 울부짖으셨다. "내 원대로 마시옵고 아버지의 원대로 되기를 원하나이다." 아버지께서 대신 우리를 영원히 꽉 붙잡게 하시기 위해서 십자가 위에서 모든 피조물의 장자이신 예수님이 그 장자권을 포기하고 우리에게 넘기셨다. 우리가 내내 찾던 것을 찾게 하시기 위해서 예수님의 이 크신 사랑 덕분에 이제 우리는 세계적인 록 스타와의 만남보다 이사야와의 만남을 선택할 수 있다.

유진 피터슨이 보노보다도 더 중시했던 이사야는 다음과 같은 희망과 치유가 가득한 말로 이스라엘 지파들을 향한, 나아가 우리를 향한 아버지의 축복을 다시금 기억하게 해 준다.

너는 또 여호와의 손의 아름다운 관, 네 하나님의 손의 왕관이 될 것이라 다시는 너를 버림받은 자라 부르지 아니하며 다시는 네 땅을 황무지라 부르지 아니하고 오직 너를 헵시바라 하며 네 땅을 쁄라라 하리니 이는 여호와께서 너를 기뻐하실 것이며 네 땅이 결혼한 것처럼 될 것임이라 마치 청년이 처녀와 결혼함 같이 네 아들들이 너를 취하겠고 신랑이 신부를 기뻐함 같이 네 하나님이 너를 기뻐하시리라(사 62:3-5).

어떤 사람은 그 지혜와 지식과 재주를 다하여 수고하였어도
그가 얻은 것을 수고하지 아니한 자에게 그의 몫으로 넘겨 주리니
이것도 헛된 것이며 큰 악이로다. 사람이 해 아래에서 행하는 모든 수고와
마음에 애쓰는 것이 무슨 소득이 있으랴? 일평생에 근심하며 수고하는 것이 슬픔
뿐이라. 그의 마음이 밤에도 쉬지 못하나니 이것도 헛되도다.
-전도서 2장 21-23절

Chapter 6

관계에서 실망할 때

상처 하나 없이 공동체를 품을 수 없다

리더들이 다 그렇듯 전도서의 저자는 사실상 세상의 모든 기준에서 성공을 거두었다. 그는 위대한 작품을 탄생시켰고 으리으리한 궁궐을 지었으며 열매가 주렁주렁한 포도원을 가꾸었고 아름다운 공원을 꾸몄다. 수많은 아랫사람을 거느렸고 막대한 돈과 가축, 금은보석을 갖고 있었다(전 2:4-11). 그는 모든 꿈을 극한까지 이룬 완벽한 성공 스토리의 주인공이었다.

한 여름 밤의 꿈과 같은 인생

그런데 이 엄청난 성공에도 불구하고 그는 인생을 '슬픔'(vexation)이라 표현했다. 원어로는 '귀찮다, 괴롭다, 짜증이 난다'는 뜻이다. 셰익스피어는 《한여름 밤의 꿈》(A Midsummer Night's Dream)의 도입부에서 딸 때문에 지독히 속상해 하는 아버지를 묘사하면서 이 단어를 사용했다. "내 자식, 내 딸 헤르미아 때문에 너무 괴로워서(full of vexation) 불평을 하려고 왔소."

그렇다. 전도서의 저자는 삶이 너무 괴롭고 절망스러운 나머지 엄청난 성공을 비롯한 삶의 모든 것이 허무하고 헛되다고 말했다(전 2:17-26). 사실, 전도서의 저자는 특별히 새로운 이야기를 한 것이 아니다. 죄로 가득한 세상에서의 삶이 다 그렇다. 거창한 비전과 목표를 세워 피나는 노력 끝에 목적을 달성해도 여전히 불만족스럽다. 그 무엇도 내면 깊은 곳의 갈망을 진정으로 채워 줄 수 없다는 느낌은 모든 인간이 겪는 공통적인 경험이다. 큰 성공을 거두고 많은 것을 가지면 무슨 소용이겠는가? 언젠가 닥칠 죽음의 현실을 생각하면 제아무리 위대한 성과나 성공도 다 부질없다.

최근 〈비즈니스 인사이더〉(Business Insider) 잡지에서 36세의 마인크래프트(Minecraft) 설립자이자 회장인 마르쿠스 페르손(Markus Persson)이 25억 달러라는 천문학적인 액수에 회사를 매각했다는 이야기를 다루었다. 회사 매각 후 페르손은 7천만 달러짜리 대저

택을 사서 거대한 파티와 사치스러운 휴가, 세계 여행, 유명 인사들과의 친분 같은 꿈같은 삶을 살았다.

모두가 세상에서 가장 행복한 삶이라고 부러워하는 성공의 정점에서 페르손은 트위터에 전혀 다른 사정을 보여 주는 두 문장을 실었다.

모든 것을 가진 삶의 문제점은 노력할 이유가 사라진다는 것이다. 많은 친구들과 어울리고 유명한 사람들과 파티를 열고 무엇이든 원하는 것을 할 수 있지만 전에 없이 외롭다.[1]

최근 한 친구가 내게 보낸 실리콘 밸리의 일 문화에 관한 글도 비슷한 상황을 말해 준다. 한동안 여러 젊은 성공 기업인들을 조사한 저자는 실리콘 밸리가 물질적인 부로 넘쳐나지만 그 안의 구성원들은 여전히 가난에 허덕이고 있다는 결론을 내렸다. 물질적으로 가난한 것이 아니라 주로 관계적, 정신적, 감정적으로 빈곤하다는 말이었다.

이것이 성공의 허망함이다. 꼭대기에 오르기 위해 평생을 애쓰지만 막상 '도착하고' 나면 환멸과 실망이 밀려올 뿐이다. 무지개의 끝에 있다는 황금 항아리를 찾아가지만 막상 도착해 보면 황금 항아리는 어디에도 보이지 않는다.

세상의 모든 성공을 이룬 전도서의 저자처럼 많은 사람이 괴로움과 허망함으로 몸서리를 친다. 거짓 약속을 믿고 인생의 정점에 올랐을 때의 실망감과 절망감이 우리를 짓누르고 있다. 돈과 권력, 지위, 명예가 우리 영혼의 갈망을 채워 줄 것이라는 약속은 거짓 약속일 뿐이다. 허무주의 그룹 나인 인치 네일스(Nine Inch Nails)의 트렌트 레즈너(Trent Reznor)가 노래한 것처럼 성공을 좇는 영혼은 결국 환멸에 빠져 그 동안 쌓아온 모든 것을 전부 집어던지게 된다. "나의 먼지 제국, 너, 다 가져." 레즈너는 소위 제국들이 결국 우리를 실망시키고 우리에게 상처를 준다고 했다. 제국들은 약한 것과 달리 우리에게 천국을 맛보여 주지 못하기 때문이다.[2]

신학교 시절 교수님 중 한 분은 목회를 꿈꾸는 우리에게 자신이 목회하는 교회 안에서는 좋은 친구들을 만날 기대를 접으라고 조언했다. 그 교수는 교회 '밖'에서 사람들을 사귀는 편이 현명하다고 말했다.

그 당시에는 그 교수의 조언이 이상할 뿐 아니라 불쾌하기까지 했다. 수없이 생각했다. 나는 교인들과 공동체를 이루지 않으면서 어떻게 교인들이 서로 공동체를 이루며 살도록 이끌 수 있단 말인가. 나아가 사도 바울이 에베소 교인들과 형제처럼 가까워진 것은 무엇인가. 바울이 새로운 교회를 개척하기 위해 다른 도시로 떠나야 할 때가 오자 그를 비롯한 모든 교인은 주체할 수 없이 눈물을 흘린 것은 어떻게 보아야 하는가. 그 교회의 교인들이 뜨거운 포옹과 입맞춤으로 목사를 떠나보낸 것은 무엇인가(행 20:13-37). 그리고 목사의 원형이신 예수님이 열두 제자와 매일 함께 먹고 섬기며 마음을 터놓으셨던 것, 나아가 베드로, 야고보, 요한과 남다른 정을 나누셨던 것은 어떻게 생각해야 하는가.'

리더여, 사랑한다면…

19년 동안 목회를 해 온 지금도 목사가 교회 공동체 '밖'에서 자신의 주된 공동체를 찾아야 한다는 그 교수님의 조언은 여전히 수긍이 가질 않는다. 나의 가장 가까운 친구들은 내가 목사로 섬겨 온 교회들과 지금 목사로 섬기고 있는 교회 안에 있다.

하지만 실용적이고 경험적인 관점에서는 교수님의 그런 조언이 이해가 가긴 한다. 여태껏 섬겨 온 모든 교회에서 우리 부부는 한동안 가까운 친구였던 교인들에게 거부를 당하는 쓰라린 경험을 했다. 우정에 금이 간 데는 여러 이유가 있었다.

때로는 목사로서 내가 이 친구들이 원하는 것을 해 주지 않았기 때문에 사이가 벌어졌다. 그들은 더 좋은 주일학교나 학생부 프로그램이나 다른 교회 음악, 다른 설교 방식, 다른 비전을 원했지만 모든 것을 그들의 입맛에 맞출 수는 없었다.

때로는 나를 부정적으로 매도하는 모함으로 인해 틈이 생기기도 했다. 그런가 하면 나에 관한 부정적인 말이 거짓이 아니라 진실이었기 때문에 갈등이 발생한 경우도 있었다. 그러니까 나의 실질적인 문제점이나 단점 때문에 친구들이 더 이상 참지 못하고 떠난 적도 있었다.

비록 교회에서 교인들이나 사역자들로 인해 네다섯 번의 가슴 아픈 경험을 하긴 했지만 그래도 계속해서 우리는 교회 공동체 안에서 가장 깊은 우정을 추구할 생각이다. C. S. 루이스가 암으로 죽어가는 아내 조이(Joy)를 보며 쓴 책에서 한 말이 그 이유다.

무엇이든 사랑하려면 위험에 노출될 수밖에 없다. 무엇이든 사랑하려면 마음이 괴롭고 심하면 찢어질 각오를 해야 한다. 상처 하나 없이 안전하게 지키고 싶다면 아무한테도 마음을 주지 마라. 심지어 동물한테도 마음 한 조각도 허락하지 말아라. 취미와 얄팍한 사치들로 고이 싸두라. 누구와도 얽히지 마라. 그저 마음을 이기주의의 관에 넣고 꼭 잠그라. 하지만 안전하고 어둡고 아무 움직임도 없고 공기도 통하지 않는 그 관 안에서 마음은 변할 것이다. 상처를 입지는 않지만 부수고 뚫어서 바로잡을 수 없게 단단히 굳어 버린다. 사랑하는 것은 곧 위험에 자신을 노출시키는 일이다.[3]

리더라면 자신이 이끌던 그룹이나 팀, 회사, 네트워크, 협회에서 나처럼 관계로 인한 실망을 겪어 본 적이 다 있을 것이다. 그런가 하면 다른 종류의 실망도 있다.

1999년에 개봉한 영화 〈뛰는 백수 나는 건달〉(Office Space)은 피터(Peter)라는 인물의 좌충우돌 이야기를 그리고 있다. 피터는 일터에서의 권태와 냉소, 우울증으로 최면치료를 받던 중 다음과 같은 고백을 한다.

> "오늘 사무실의 내 칸막이 방에 앉아 있다가 문득 깨달았어요. 일을 시작한 뒤로 내 삶은 매일 전날보다 나빠졌어요. 그러니까 매일이 내 인생 최악의 날인 셈이죠. 이제부터는 실제 일은 일주일에 한 15분 정도만 할까 해요."[4]

물론 위의 이야기는 회사라는 기계의 톱니바퀴 신세로 전락한 사람의 답답한 심정을 표현한 것이다. 하지만 리더들의 감정적인 상황도 별반 다르지 않다. 회사에 인생을 건 사람이나 비전에 몸과 마음을 바친 사람이나 결국 환멸에 이르고 만다.

목사들의 경우, 실망은 다양한 형태를 띤다. 피땀이 흐르도록 기도하고 혼신의 힘을 다해 목회하고 설교했건만 길 아래의 인기 있는 교회가 '계속해서' 교인을 빼앗아간다. 상처 입은 교인을 오랫동안 지극정성으로 돌봐 주었더니 교회가 자신에게 너무 무관심하다며 뒤도 돌아보지 않고 떠나버린다. 흔들리는 가정의 회복을 위해 2년 동안 열심히 상담했건만 결과는 허무하게도 이혼이다. 완벽한 설교를 위해 밤을 새워 연구하고 준비했건만 월요일 아침부터 실망스럽다니 기분이 나쁘다느니 신학적으로 오류가 많다느니 하는 이메일이 세 통이나 날아와 있다. 성도들을 하나님의 임재 가운데로 이끌기 위해 공들여 예배를 준비해도 매번 비난만 쏟아진다. 예배가 너무 딱딱하다고 해서 조금 부드럽게 하면 너무 경망스럽다는 말이 들린다. 신 나는 음악이 예배에 어울리지 않는다고 해서 잔잔한 음악으로 대체했더니 하품이 난다는 항의가 들어온다. 찬양이 너무 현대적이라고 해서 전통적인 찬양을 자주 했더니 여기저기서 고리타분하다고 투덜거린다. 교인들을 환대해 주지 않는다고 해서 적극적으로 다가갔더니 이번에는 부담스럽다고 한다.

도대체 어느 장단에 맞추어야 할지 알 수가 없다. 교회를 부흥시켜 달라고 수많은 시간을 기도했지만 성장은 여전히 더디고 교회 안에 사랑은 없으며 세상을 향한 영향력은 미미하기만 하다. 조금 운동력이 붙었다 싶다가도 곧 자기중심적이고 분열적인 교인들에게 발목이 잡힌다.

완벽한 리더, 예수 그리스도

목사로서 실망스러운 일을 겪을 때마다 나는 예수 그리스도를 기억하려고 노력한다. 나처럼 불완전한 리더가 아니라 '완벽한' 리더이셨던 예수님을 떠올려 본다. 그분은 꼬박 3년 동안 열두 제자에게 자신의 전부를 쏟아내셨다. 그런데 그런 막대한 투자의 수익률은 어떠했는가? 가룟 유다는 동전 몇 푼에 그분을 팔았고, 베드로는 세 번이나 부인했으며, 가장 가까웠던 세 명의 제자들은 꼭 기도해 달라는 간절한 부탁을 외면한 채 잠에 빠졌다. 가장 필요한 순간 그들은 모두는 뿔뿔이 도망쳐 예수님을 혼자 죽게 놔 두었다. 우리 믿음의 주요 온전하게 하시는 분인 예수님이 가장 가까운 친구들을 "믿음이 적은 자들"로 부르실 때마다 심정이 어떠하셨을까? 이렇게 실망스러운 것으로도 모자라 예수님이 죽음에서 부활하신 후 제자의 수는 겨우 120명이었다(행 1:15).

만왕의 왕이요 모든 리더 중의 리더이시며 모든 일을 완벽히 행하시고 심지어 죽음까지 정복할 정도로 임무를 성공적으로 이루신 분도 실망스러운 일을 겪으셨다면 우리가 겪는 일들은 너무도 당연하다.

그런데 이런 일은 깊은 좌절감을 안겨 주는 동시에 이상하게도 위안을 주는 면도 있다. 회사가 파산하고, 비판자들이 가혹한 평가를 내놓고, 며칠 밤을 새워가며 공부하고도 시험에서 낙방하고, 수술이 회복이 아닌 죽음으로 끝나고, 훈련을 받다가 큰 부상을 당해 금메달의 꿈이 물거품이 되고, 전 재산을 쏟아부은 식당이 문을 닫고, 야심차게 출시한 제품의 반응이 시들하고, 경쟁에 뒤처지고, 자녀가 오랫동안 가르쳐 온 가치와 신념을 거부하고, 설교나 블로그 포스트가 감사의 글은 하나도 없이 비판만 줄줄이 받을 때, 교회가 문을 닫게 생겼을 때, 그렇게 모든 일들이 용두사미로 끝날 때, 우리는 예수님이 먼저 그런 일을 겪으셨다는 사실을 다시금 기억할 수 있다. 다음 구절은 실망 중에 있는 사람들에게 큰 위로가 된다.

> 우리에게 있는 대제사장은 우리의 연약함을 동정하지 못하실 이가 아니요 모든 일에 우리와 똑같이 시험을 받으신 이로되 죄는 없으시니라(히 4:15).

기독교 저자 프레드릭 비크너(Frederick Beuchner)는 대개 하나님이 우리에게 주시는 일은 우리가 가장 하고 싶은 일인 동시에 세상이 가장 필요로 하는 일이라고 말했다. 다시 말해, 하나님은 우리의 깊은 만족과 세상의 깊은 굶주림이 만나는 지점으로 우리를 부르신다.

하지만 알다시피 많은 경우 소명에 관한 비크너의 이론은 어디까지나 이론일 뿐이다. 심지어 누가 봐도 부러운 리더의 자리에 있는 사람들도 깊은 만족이 아닌 허무함을 자주 느낀다. 아마도 이것이 최근 갤럽 여론조사에서 세상이 가장 원하는 것이 음식이나 보금자리, 안전, 평화도 아닌 만족스러운 직업이라는 결과가 나온 이유일 것이다.[5] 세상의 수많은 사람이 겪는 이 갈망은 또 다른 조사에서 밝혀진 사실과 하나로 연결된다. 그것은 사람들의 87퍼센트가 현재의 직업에 불만족과 의욕 상실을 겪고 있다는 것이다.[6]

이 고통스러운 현실을 어떻게 해야 할까? 어디서 답을 찾아야 할까? 나는 두 믿음의 선구자에게서 실마리를 발견할 수 있다고 믿는다. 한 명은 구약의 인물이고 다른 한 명은 신약의 인물이다. 이 둘의 시각은 우리에게 막대한 도움이 된다.

사도 바울과 이사야가 보여 준 실마리

첫 번째 선구자는 이사야 선지자다. 이사야는 충성스러운 하나님의 사람으로, 하나님의 말씀을 이스라엘 백성에게 전하는 사자였다. 그런데 그는 충성스러운 설교로 인해 오히려 세상의 미움을 받았다. 역사가들에 따르면 그는 톱으로 몸이 잘려 죽었다고 한다.

하나님이 처음에 어떻게 이사야를 부르셨는지를 보고 나서 소명에 관한 비크너의 말에 관해 다시 생각해 보라. 이사야의 이야기에서 깊은 굶주림을 발견하기란 그리 어렵지 않다. 하지만 이사야가 다음과 같은 소명에서 어떻게 깊은 만족을 누릴 수 있었는지를 이해하기는 그리 쉽지 않다.

> 여호와께서 이르시되 가서 이 백성에게 이르기를 너희가 듣기는 들어도 깨닫지 못할 것이요 보기는 보아도 알지 못하리라 하여 이 백성의 마음을 둔하게 하며 그들의 귀가 막히고 그들의 눈이 감기게 하라 염려하건대 그들이 눈으로 보고 귀로 듣고 마음으로 깨닫고 다시 돌아와 고침을 받을까 하노라 하시기로 내가 이르되 주여 어느 때까지니이까 하였더니 주께서 대답하시되 성읍들은 황폐하여 주민이 없으며 가옥들에는 사람이 없고 이 토지는 황폐하게 되며 여호와께서 사람들을 멀리 옮기셔서 이 땅 가운데에 황폐한 곳이 많을 때까지니라(사 6:9-12).

이사야는 암울한 미래를 제시받았다. 남들을 이끄는 내내 상실과 실패, 거부의 고통을 겪다가 결국은 비참하게 끝날 암담한 미래를 알고 있었다. 그런데도 그는 어떻게 이런 소명에 "내가 여기 있나이다. 나를 보내소서"라고 반응할 수 있었을까? 어떻게 그는 결국 가시밭길로 향하면서도 깊은 만족을 느낄 수 있다고 확신할 수 있었을까?

두 번째 선구자는 사도 바울이다. 오늘날로 치면 최고 명문대에 해당하는 곳에서 수학한 뒤에 엘리트 집단에 들어가 동료 랍비들보다 훨씬 빠른 고속 승진을 거듭했던 인물이었다. 하지만 예수님 앞에 무릎을 꿇은 뒤에 그는 그 전까지 누렸던 모든 지위와 명예를 한꺼번에 잃어버렸다. 그리고 이사야처럼 충성으로 인해 오히려 가혹한 대접을 받고 믿음으로 인해 많은 사람들에게 거부를 당했다. 박해, 돌팔매질, 매질, 버림, 투옥이 그리스도의 이름으로 행한 리더십의 직접적인 결과였다.

하지만 감옥에서 바울은 깃촉과 양피지로 성경학자들이 "기쁨의 서간문"으로 부르는 편지를 탄생시켰다. 그것이 바로 빌립보서다. 감옥 안에서 그는 자신이 발견한 비결, 그리고 전도서 저자와 마르쿠스 페르손처럼 세상의 정점에 있을 때나 차갑고 지저분한 감방 바닥이라는 인생의 밑바닥에 있을 때나 변함없이 간직해 온 비결에 관해 기록했다.

내가 궁핍하므로 말하는 것이 아니니라 어떠한 형편에든지 나는 자족하기를 배웠노니 나는 비천에 처할 줄도 알고 풍부에 처할 줄도 알아 모든 일 곧 배부름과 배고픔과 풍부와 궁핍에도 처할 줄 아는 일체의 비결을 배웠노라 내게 능력 주시는 자 안에서 내가 모든 것을 할 수 있느니라(빌 4:11-13).

이 '비결'로 인해 바울은 감방 안에서도 기뻐할 수 있었다. 이사야가 암담하고도 외로운 소명을 앞에 두고서도 낙관할 수 있었던 것도 바로 이 비결 덕분이었다. 그리고 성경과 하나님의 백성들, 성령을 통해 우리도 이 비결을 누릴 수 있다. 자, 이 비결은 무엇일까?

미래의 소망으로 현재를 사는 법

그리스도가 세상 끝 날까지 우리와 함께하시고(마 28:20) 우리가 먼저 고난을 당한 허다한 증인들에게 항상 둘러싸여 있으며(히 12:1) 죽음도 애통도 눈물도 고통도 없는 새 성이 오고 있다는(계 21:1-5) 사실을 앎에서 오는 내적 평안이다.

바울과 이사야는 둘 다 미래의 소망으로 인해 현재를 능력으로 사는 법을 배웠다. 이 소망을 N. T. 라이트(Wright) 주교는 "하나님의 미래를 현재에 상상할" 수 있는 하나님이 주신 능력으로 표현했다.[7]

이사야는 하나님의 말씀을 전하는 소명을 감당하다가 세상의 미움과 거부만 당했지만 상관없이 그 소명에 따라 다음과 같은 하나님의 말씀을 기록했다.

이는 비와 눈이 하늘로부터 내려서 그리로 되돌아가지 아니하고 땅을 적셔서 소출이 나게 하며 싹이 나게 하여 파종하는 자에게는 종자를 주며 먹는 자에게는 양식을 줌과 같이 내 입에서 나가는 말도 이와 같이 헛되이 내게로 되돌아오지 아니하고 나의 기뻐하는 뜻을 이루며 내가 보낸 일에 형통함이니라 (사 55:10-11).

사도 바울도 감옥이라는 비참한 환경에서 꿋꿋이 다음과 같은 하나님의 말씀을 기록했다.

형제들아, 나는 아직 내가 잡은 줄로 여기지 아니하고 오직 한 일 즉 뒤에 있는 것은 잊어버리고 앞에 있는 것을 잡으려고 푯대를 향하여 그리스도 예수 안에서 하나님이 위에서 부르신 부름의 상을 위하여 달려가노라(빌 3:13-14).

이는 내게 사는 것이 그리스도니 죽는 것도 유익함이라. 그러나 만일 육신으로 사는 이것이 내 일의 열매일진대 무엇을 택해야 할는지 나는 알지 못하노라 내가 … 차라리 세상을 떠나서 그리스도와 함께 있는 것이 훨씬 더 좋은 일이라 그렇게 하고 싶으나 내가 육신으로 있는 것이 너희를 위하여 더 유익하리라(빌 1:21-24).

답을 찾았는가? 바울과 이사야는 둘 다 철저히 실패한 것처럼 보이는 일과 리더십에서 목적을 찾았다.

이사야는 모두에게 거절을 당했다. 아무도 그의 말에 귀를 기울이지 않았다. 하지만 그가 하나님을 대신해 선포한 말은 지고한 목적을 이루게 된다. 바울은 감옥에 갇혔지만 그 퀴퀴하고 음습한 감방 안에서도 자신에게 주신 사명을 꼭 필요한 일로 여겼다.

실패만 거듭되는 일에서 목적과 만족, 희망을 찾기란 불가능해 보인다. 어떤 의미에서 우리는 그리스 신화에 등장하는 시시포스와도 같다. 시시포스는 이기적인 야망과 기만으로 인해 영원한 형벌을 받았다. 그 형벌은 거대한 바위를 언덕 꼭대기까지 굴려 올라가는 것이었다. 그런데 꼭대기에 거의 이를 때마다 바위가 손에서 미끄러져 다시 밑바닥까지 굴러 떨어졌다. 시시포스는 이 무의미한 일을 영원히 반복해야만 했다.

J. R. R. 톨킨(Tolkien)은 자신의 일에 대해 시시포스와 같은 좌절감을 느끼다가 그 답답함을 풀고자 펜을 들어 "니글의 나뭇잎"(Leaf by Niggle)이란 짧은 이야기를 썼다. 이야기의 주인공은 시청 측면 벽을 칠하는 임무를 맡은 미술가다.

니글은 거대하고도 단단한 형형색색의 나무에 열매가 주렁주

렁 열린 그림을 그려 많은 사람에게 감동을 선사하기로 마음을 먹는다. 하지만 결국 이파리 하나만 겨우 그리고 나서 죽고 만다. 니글이 천국행 열차 좌석에 앉아 창문을 내다보는데 저 멀리서 어렴풋하지만 왠지 익숙한 이미지 하나가 눈에 들어왔다. 순간, 그는 벌떡 일어나 차장에서 빨리 열차를 세워 달라고 부탁한다. 그가 기차에서 내려 그 물체에 가까이 다가가 보니 바로 자신의 나무가 아닌가. 그가 희망하고 꿈꾸었던 것보다 훨씬 더 아름답고 열매가 풍성한 완벽한 나무였다. 그 나무의 한가운데 온 세상이 볼 수 있도록 그가 기여한 유일한 부분 곧 그의 나뭇잎이 대롱거리고 있다.

순간 니글은 그 작은 잎사귀가 자신이 살았던 성보다 훨씬 더 크고 영원한 성을 위해 더 위대하신 미술가께서 창조한 작품의 일부라는 사실을 깨닫는다.

톨킨이 수년을 쏟아 부은 다른 작품의 실패로 인한 좌절감을 풀기 위해 "니글의 나뭇잎"을 썼다는 이야기를 들은 적이 있다. 톨킨은 심혈을 기울인 이 작품을 아무도 보지도 즐기지도 인정해 주지도 않을 것이라고 확신했다. 그런데 이 실패작의 제목이 무엇인지 아는가? 바로 《반지의 제왕》(*Lord of the Rings*)이다.

톨킨의 답답한 현실, 그리고 그 현실에서 탄생한 그 짧은 이야기는 우리로 하여금 바울과 이사야에 관해 다시 생각하게 만든다. 고린도 교회에 보낸 첫 번째 편지에서 바울은 이사야 선지자의 말을 인용했다. "하나님이 자기를 사랑하는 자들을 위하여 예비하신 모든 것은 눈으로 보지 못하고 귀로 듣지 못하고 사람의 마음으로 생각하지도 못하였다"(고전 2:9).

실망을 누구보다도 잘 알았던 신약의 리더 바울은 역시 실망을 잘 알았던 구약의 리더 이사야에게서 힘을 얻었다. 이 이사야는 나중에 신약에서 가장 자주 인용되는 선지자가 되었고, 한때 거부를 당했던 그의 말은 역사상 가장 위대한 음악으로 꼽히는 〈헨델의 메시아〉의 주된 원작이 되었다.

꿈이 거대한 장애물을 만나거나 아예 산산이 부서지는 경험을 했는가? 마르쿠스 페르손과 〈뛰는 백수 나는 건달〉 주인공 피터뿐 아니라 전도서 저자와 이사야, 바울 같은 성경의 저자들, 심지어 예수님도 겪으신 실패를 맛보았는가?

모든 것을 포기하고 주저앉고 싶은 그런 순간에 "니글의 나뭇잎" 이야기를 읽고 또 읽기를 강력히 권한다. 과거만이 아니라 미래를 생각하기를 바란다. 겨우 잎사귀 한두 개에 불과해 보이는 당신의 소명, 그 진정한 의미가 비로소 완전히 드러날 미래를 기대하라. '당신의' 소명은 하나님이 만국을 치료하기 위해 그분의 성 한 가운데 놓으실 위대한 생명나무의 중요한 일부다(계 22:2).

우리가 하나님의 영광을 위해서 한 일에 영원한 의미가 있다는 사실은 믿기 어려울 때도 많지만 그것은 엄연한 사실이다. 팀 켈러와 캐서린 알스도프(Katherine Alsdorf)의 다음 글은 니글의 잎사귀가 어떤 의미이며 그것이 지금의 우리와 무슨 상관이 있는지를 잘 설명해 준다.

> 정말로 한 나무가 있다. 정의와 평화의 도시, 찬란함과 아름다움의 세상, 이야기, 질서, 치유, 그 밖에 우리가 자신의 일에서 무엇을 추구하든 그것이 정말로 있다. 하나님이 계시고 하나님이 훗날 이루실 치유된 세상이 정말로 있다. 우리의 일은 바로 그 세상을(부분적으로나마) 남들에게 보여 주는 수단이다. 물론 우리의 일은 최상의 날에도 그 세상을 부분적으로밖에 보여 주지 못한다. 하지만 우리가 바라보는 그 나무 전체(아름다움, 조화, 정의, 위안, 기쁨, 공동체)가 반드시 이루어질 것이다. 이 사실을 확실히 알면 이생에서 겨우 잎사귀 한두 개밖에 그리지 못한다 해도 낙심하지 않고 만족과 기쁨으로 일할 수 있다.[8]

이런 글을 읽으면 당장 내 눈에 보이지 않아도 그리고 아무도 알아 주지 않아도 나의 일이 하나님의 원대한 계획에 꼭 필요한 일부라는 확신이 새롭게 일어난다. 우리가 하는 일은 중요하다. 이 사실을 잊지 마라.

또 네 이웃을 사랑하고 네 원수를 미워하라 하였다는 것을
너희가 들었으나 나는 너희에게 이르노니 너희 원수를 사랑하며
너희를 박해하는 자를 위하여 기도하라.
이같이 한즉 하늘에 계신 너희 아버지의 아들이 되리니.
-마태복음 5장 43-45절

Chapter 7

세상의 반대에 부딪힐 때

선한 사마리아처럼 세상에 진리를 보이라

내가 이 글을 쓰는 지금, 미'합'중국은 합쳐지기는커녕 전에 없이 분열해 있다. "모든 인간은 평등하게 창조되었다"라는 이상 위에 세워진 소위 다양성의 용광로가 어느새 의심과 분열, 두려움, 잔인한 폭력의 문화로 변했다. 더 이상 테러와 미움은 바다 건너에서만 들려오는 소식이 아니다. 테러와 미움은 우리의 문지방을 넘어와 아예 이곳에 터전을 잡았다.

어떻게 리더십을 발휘할 것인가?

금년 우리 교회는 비극적인 사건으로 두 주 연속 주일 직전에 설교를 바꿔야 했다. 첫 주에는 플로리다 주 올랜도에서 벌어진 대학살로 49명의 아까운 목숨을 잃었다. 지하드 전사라고 주장하는 한 남자가 게이 클럽에 들어와 총기를 난사했다. 다음 주에도 여러 건의 인종 혐오 살인이 벌어졌다. 무장하지 않은 흑인 남성 한 명이 총에 맞아 즉사했고, 이어서 또 다른 흑인 남성이 사망했다. 그 다음에는 경찰관 한 명, 그 다음에는 경찰관 여러 명, 그 다음에는 또 다른 흑인 남성이 죽는 식으로 폭력이 꼬리를 물었다. 미국 전역에서 죽음과 폭력이 이제 일상이 된 것이 아닌가 하는 우려의 목소리가 터져 나왔다.

이렇게 폭력과 죽음의 문화가 퍼져나가는 현상은 모든 인간 내면의 밑바닥에 흐르는 좀 더 미묘한 적대감의 부산물이다. 뉴스나 SNS 피드를 살짝 훑어만 봐도 적대감의 암류를 확인할 수 있다. 미움과 분노는 미국 역사상 가장 기괴하고 분열적인 대통령 선거를 비롯해서 여러 영역에서 활활 타오르고 있다.

공화당 후보인 억만장자 기업인은 공공연히 여성을 비하하고, 포르노 산업을 지원한 지저분한 과거가 있고, 적들을 실패자로 부르고, 장애인들을 조롱하고, 여성 편력과 자신의 은밀한 부위를 자랑하고, 하나님께 죄를 고백한 적이 없다고 고백하고, 전쟁의 공포를 피해 찾아온 난민들을 전혀 불쌍히 여기지 않고, 함부로 고문 제도의 장점들을 운운하고, 적들의 가족을 죽이겠다고 위협했다.

민주당 후보는 역사상 그 누구보다도 낙태 권리를 열렬히 옹호했다. 그녀는 양심상의 이유로 세속적인 성 관념을 받아들일 수 없는 종교 단체들의 존립을 위협하는 발언들을 공공연히 했다. 그녀의 바람이 현실로 이어져 법제화되면 유대교와 이슬람교, 기독교를 비롯한 여러 종교 단체들은 막대한 자원과 공동체, 장소를 잃고 말 것이다. 역사적이고 성경적인 시각들이 용인이라는 이름으로 더 이상 용인되지 않을 것이다. 이런 시각을 가진 사람들은 평등이라는 이름으로 더 이상 법아래 평등한 대우를 받지 못할 것이다. 정부에 속한 내 친구의 말에 따르면 그녀가 대통령이 되면 종교 단체들과 그 리더들은 종교적 자유는 매우 힘든 상황에 처할 것이다.

이런 상황 속에서 기독교 리더들은 몇 가지 질문을 던져야만 한다. 역사적 기독교의 시각들을 점점 더 배척할 뿐 아니라 때로는 악으로까지 취급하는 분위기 속에서 어떻게 '리더십'을 발휘할 것인가? 당을 막론하고 권력을 가진 자들이 특정한 형태의 인간 생명들의 존엄과 번영을 축소하려는 계획을 노골적으로 표현하는 이 상황에서 어떻게 해야 모든 인간 생명의 존엄과 같은 선을 장려할 수 있을까?

세상은 선한 시민이 되기 위해 필요한 미덕들을 오히려 벌 주겠다고 위협, 아니 장담하는 상황에서 어떻게 하면 우리는 충성스럽고도 협력적이며 생명을 주는 천국 시민 노릇을 할 수 있을까?

이외에 여러 관련된 질문들에 대한 성경의 대답은 분명하다. 두려워하지 마라! 하나님이 너희와 함께하신다. 미워하지 마라! 너희의 진짜 적은 보이는 적이 아니라 보이지 않는 적이다.

답은 이미 나와 있다.
"두려워하지 마라"

성경에서 가장 자주 나타나는 명령이 "두려워하지 마라"라는 사실은 중요한 의미를 담고 있다. 그리스도인들이 두려워하지 말아야 하는 것은 특히 우리 이야기의 마지막 장이 이미 쓰여 있기 때문이다. 요한계시록은 지금 우리가 살고 있는 적대적이고 분열적인 옛 세상은 가고 모든 것이 새로워지는 새 하늘과 새 땅에 관해 이야기한다.

새 세상에서는 예수님의 통치가 완벽하고도 최종적으로 확립될 것이다. "그의 어깨에는 정사를 메었고 … 그 정사와 평강의 더함이 무궁하며"(사 9:6-7).

예수님의 통치 아래서는 죽음도 애곡도 눈물도 고통도 고난도 슬픔도 불화도 분열도 없을 것이다. 하나님이 그분의 세상을 다시 온전히 바로잡으실 것이기 때문이다(사 9:6-7; 계 21:1-8). 새 세상에서는 어린 양이 사자와, 뱀이 전갈과, (정말로) 진보 진영이 보수 진영과 평화롭게 지낼 것이다. 모든 나라와 문화, 인종이 하나가 되어 살고, 모든 힘이 '오직' 사랑하고 섬기는 일에만 사용될 것이다. 강제하고 정복하고 통제하고 모욕하고 벌 주고 파괴하는 일은 절대 없을 것이다.

그리스도인 리더나 사장이나 유력 인사들은 믿음으로 인해 대가를 치르게 될 수 있다. 그들만이 아니라 그들이 이끌고 섬기는 사람들도 위험에 빠질 수 있다. 진정한 기독교는 땅의 가치나 도덕, 법과 맞지 않기 때문에 많은 기독교 단체가 문을 닫을 날이 올지 모른다. 종교적 자유가 종교적 박해에 자리를 내어 줄 날이 올지 모른다. 오직 예수님만을 따르기로 굳게 결심한 제자들은 세상 문화의 제자들과 부딪힐 수밖에 없기 때문이다. 고대 로마에서 그리스도인들에게 일어났던 일, 그리고 지금도 여전히 세상의 다른 부분들에서 그리스도인들에게 일어나고 있는 일이 언젠가 우리에게도 일어날 것이다. 다시 말해, 예수님을 위해 우리는 생계 수단과 친구, 가족, 심지어 목숨을 잃게 될 것이다.

이런 일이 우리의 생전에 일어난다 해도 놀랄 필요는 없다. 예수님은 이 세상에서 우리가 그분으로 인해 미움과 고난을 당할 것이라고 이미 말씀하셨기 때문이다. 예수님은 제자가 되려면 매일 자신을 부인하고 자기 십자가를 지고 따라야 한다고 말씀하셨다. 사도 바울도 같은 말을 했다. "그리스도를 위하여 너희에게 은혜를 주신 것은 다만 그를 믿을 뿐 아니라 또한 그를 위하여 고난도 받게 하려 하심이라"(빌 1:29).

나아가 그는 "내가 그리스도와 그 부활의 권능과 그 고난에 참여함을 알고자 하여 그의 죽으심을 본받아"(빌 3:10)라는 말까지 했다.

오늘날 그리스도인들에게 상황은 더없이 나빠졌다. 설령 상황이 지금보다 더 나빠진다 해도 우리는 당황하지 말아야 한다. 혹은 '좋았던 옛날'을 되찾는 일에 집착하지 말아야 한다. 그리스도인에게 좋았던 옛날은 애초에 없었다.

두려워하지 말라는 성경의 명령은 반대와 핍박의 한복판에서 특히 더 유효하다. 예수님은 어떤 상황에서도 우리와 함께하시며 우리의 편이다. 사도 바울이 로마의 감옥에서도 풍요로울 때나 빈곤해서 굶주릴 때나 모든 상황에서 그리스도로 인해 만족할 수 있다고 고백했다면, 우리도 당연히 그렇게 고백할 수 있어야 한다. 우리의 소망은 현재 세상이 아닌 다가올 세상에 있다. 그렇다면 우리가 최악의 상황을 겪는다 해도 그 결과는 부활과 영생일 뿐이다. 죽어도 우리는 천국에서 영원한 힘과 운동력, 행복을 누릴 수 있다. C. S. 루이스에 따르면 새 세상은 매일이 이전 날보다 좋아지는 세상이다. 또한 J. R. R. 톨킨에 따르면 그 세상은 모든 슬픈 것이 없어지는 세상이다. 더 이상 슬픔은 없고 만물이 구속될 것이다.

그러니 그리스도인 리더들이여, 계속해서 리더십을 발휘하라! 상황이 너무 나빠져서 백기를 들고 싶을 때에도, 이웃을 사랑하고 섬기려는 모든 노력이 처참하게 수포로 돌아가도, 세상이 우리의 사랑에 거부와 저항으로 반응해도, 우리는 상관없이 계속해서 사랑과 섬김의 리더십을 발휘해야 한다. 세상이 가라앉는 배처럼 보여도 타이타닉 호에서 보석을 찾아 닦을 이유가 충분하다.

생명을 주는 이타적인 리더십

그리스도인 리더들은 죽음이나 애통, 슬픔, 고통, 반대, 적대, 핍박, 그 외의 어떤 것도 하나님 이야기의 줄거리를 건드릴 수 없다는 사실을 늘 기억하고, 자신이 이끄는 사람들에게도 상기시켜 주어야 한다. 하나님의 이야기는 이미 마지막 장까지 다 쓰여서 출판까지 되었다. 인류의 미래는 이미 확정되었다.

잠시 읽기를 멈추고 숨을 내쉬라. 그러고 나서 다음 말씀을 깊이 들이마시라.

만일 하나님이 우리를 위하시면 누가 우리를 대적하리요? 자기 아들을 아끼지 아니하시고 우리 모든 사람을 위하여 내주신 이가 어찌 그 아들과 함께 모든 것을 우리에게 주시지 아니하겠느냐 누가 능히 하나님께서 택하신 자들을 고발하리요 … 누가 우리를 그리스도의 사랑에서 끊으리요 환난이나 곤고나 박해나 기근이나 적신이나 위험이나 칼이랴 … 그러나 이 모든 일에 우리를 사랑하시는 이로 말미암아 우리가 넉넉히 이기느니라 내가 확신하노니 사망이나 생명이나 천사들이나 권세자들이나 현재 일이나 장래 일이나 능력이나 높음이나 깊음이나 다른 어떤 피조물이라도 우리를 우리 주 그리스도 예수 안에 있는 하나님의 사랑에서 끊을 수 없으리라(롬 8:31-33, 35, 37-39절).

이 말씀을 믿는가? 설령 당신이 믿지 않는다 해도 상관없이 이것은 사실이다. 결국 예수님이 승리하신다.

하지만 여기서 끝이 아니다. 그리스도인 리더들과 유력 인사들, 기독교 단체들이 환난에 처하는 순간 우리가 미움과 박해를 받는 소수집단이 되면, 그때야말로 우리의 진정한 영향력이 발휘되는 순간이다. 성경을 읽어 보면 예로부터 하나님의 백성이 가장 강하게 섰을 때는 세상적인 힘이나 정치적인 힘을 얻었을 때가 아니었다. 하나님의 백성은 오히려 약하고 불리할 때 가장 빛을 발했다. 역사적으로 그리스도인들은 '도덕적 다수'가 아니라 사랑과 생명을 주는 소수로서 사회에 가장 큰 영향을 미쳤다. 이것이 소설가 매들렌 랭글(Madeleine L'Engle)이 다음과 같이 말한 이유다.

> 우리는 사람들의 생각을 시끄럽게 지적함으로써가 아니라, 그들이 얼마나 틀렸고 우리가 얼마나 옳은지를 말해 줌으로써가 아니라, 도대체 어디서 오는 것인지를 간절히 알고 싶을 만큼 아름다운 빛을 보여 줌으로써 사람들을 그리스도께로 이끈다.[1]

매들렌 랭글의 글 이면에는 더없이 분명한 사실 하나가 빛나고 있다. 그것은 세상이 아무리 반대하고 핍박해도 예수님이 사랑으로 세상을 변화시키는 것을 막지 못했다는 사실이다. 우리는 그분의 제자이므로 그 어떤 거센 반대 속에서도 우리를 사랑하사 자신을 내어 주신 분의 본을 따라 냉소와 절망, 두려움을 뿌리쳐야 한다. 우리는 신음하는 세상이 은혜를 갚지 않는다 해도 상관없이 그 세상을 향한 친절과 베풂, 사랑을 실천해야 한다. 세상의 반대는 세상에 전혀 다른 종류의 친구를 보여 줄 뿐 아니라 전혀 다른 종류의 적을 보여 줄 기회다.

또 네 이웃을 사랑하고 네 원수를 미워하라 하였다는 것을 너
회가 들었으나 나는 너희에게 이르노니 너희 원수를 사랑하며
너희를 박해하는 자를 위하여 기도하라 이같이 한즉 하늘에
계신 너희 아버지의 아들이 되리니 이는 하나님이 그 해를 악
인과 선인에게 비추시며 비를 의로운 자와 불의한 자에게 내
려주심이라(마 5:43-45).

십자가를 바라보고 있으면 예수님의 이 말씀이 점차 이해되
기 시작한다. 예수님은 우리가 그분을 사랑하지 않을 때 우리를 사
랑하셨고 "우리가 아직 죄인 되었을 때에" 우리를 위해 죽으셨다
(롬 5:8). 따라서 우리와 믿음이 다른 사람들, 심지어 우리의 믿음에
적대적인 사람들에게까지 우리 자신을 내어 주는 사랑으로 대하
는 것이 우리의 가장 근본적이고도 핵심적인 강령 중 하나가 되어
야 한다. 성경의 모든 말씀이 참되다는 믿음에 대해 보수적일수록
모든 종류의 사람들을 사랑하는 진정한 진보가 될 수 있다. 우리가
어떤 사랑과 용서를 받았는지를 깊이 이해할수록 세상의 핍박에
이에는 이, 눈에는 눈의 논리로 대응하지 않고 오히려 사랑과 생명
을 주는 이타적인 사람이 된다.
C. S. 루이스는 역사를 보면 현세에 가장 큰 유익을 끼친 사람
들은 내세를 가장 많이 생각한 사람들이라는 사실을 알 수 있다고

말했다. 비록 기독교가 역사 속에서 심각하고도 잔인한 실수를 꽤 저지르긴 했지만 하늘을 생각할수록 세상에 더 유익을 끼치게 되어 있다.

예를 들어, 그리스도인들은 과학(파스칼(Pascal), 코페르니쿠스(Copernicus), 뉴턴(Newton), 갈릴레오(Galileo), 쿱(Koop), 콜린스(Collins), 예술과 문학–렘브란트(Rembrandt), 베토벤(Beethoven), 도스토옙스키(Dostoevsky), T. S. 엘리엇(Eliot), 톨킨, 후지무라(Fujimura), 캐시(Cash), 딜런(Dylan) 교육(미국 아이비리그 명문 대학들은 대부분 그리스도인들이 세웠다), 의료(전 세계 수많은 병원들), 자비와 정의–노예 무역을 폐지시킨 윌버포스(Wilberforce), 고아들을 돌본 뮬러(Mueller), 공민권 운동을 이끈 마틴 루터 킹 주니어를 비롯한 수많은 분야에서 눈부신 리더십을 보여 주었다.

현대 세속의 관찰자들도 가장 순수한 형태의 정통 기독교가 보여 주는 지극히 아름다운 삶에 주목하고 있다. 예를 들어, 철저한 불가지론자인 〈뉴욕 타임스〉(New York Times)지의 칼럼니스트 니콜라스 크리스토프(Nicholas Kristof)도 가난이나 자연재해, 끔찍한 사고로 고통이 가득한 현장에 가장 먼저 나타나 가장 열심히 봉사하고, 가장 늦게 짐을 싸며 가장 많은 돈을 내놓는 그리스도인들의 모습에 관해 여러 번 글을 썼다. 또 다른 사례는 오리건 주 포틀랜드 시장 샘 애덤스(Sam Adams)다. 커밍아웃을 한 동성애자인 그는 기독교 리더 케빈 팔라우(Kevin Palau)를 입에 침이 마르도록 칭찬했다. 팔라우와 그가 동원한 교회들은 애덤스 시장과 협력하여 포틀랜드에서 가장 취약한 극빈층을 섬겼다.

이웃 사랑을 보이는 방법

하나님과 세상에 관한 깊은 신념, 그리고 성경적인 도덕관과 성공관을 버리라는 압박이 거세질수록 그것은 그리스도인들이 매들린 랭글이 말한 "아름다운 빛"이 될 수 있는 절호의 기회다.

차이와 이견을 초월한 사랑이야말로 그리스도인이 세상에서 그리스도의 향기를 가장 강하게 풍길 수 있는 길이 아닐까 싶다. 우리는 계속해서 스스로에게 이런 질문을 던져야 한다. "세상이 우리를 문제의 일부로 보는 상황에서도 우리의 삶, 우리의 가족, 우리가 이끄는 공동체와 조직, 교회가 문제로 몸살을 앓는 세상에 어떤 식으로 이웃 사랑을 보여 주어야 할까?"

"누가 제 이웃입니까?"라는 질문에 예수님은 대답 대신 한 사마리아인에 관한 이야기를 들려주셨다. 당시 예수님의 청중인 유대인들은 사마리아인들을 종교적, 정치적, 도덕적 적으로 간주했다. 하지만 예수님의 비유에서는 사마리아인이 주인공으로 등장한다. 이 사마리아인은 큰 외상을 입고 길가에 쓰러져 있는 유대인을 발견한다. 그는 모두의 예상과 달리 그 유대인을 모른 체하지도 공격하지도 소지품을 훔치지도 않는다. 오히려 유대인에게 음식과 잠자리, 치료비를 제공하고 후속 조치까지 취한다.

반면, 두 종교인은 다친 유대인을 피해 건너편 길로 지나간다. 한 명은 제사장이고 다른 한 명은 레위인이다. 두 사람은 상처입은 이웃에게 아무런 도움의 손길도 제공하지 않는다. 그들에게 이것은 위험한 상황일 뿐이었다. 이 남자를 공격한 강도들이 언제 다시 돌아올지 모를 일이다. 따라서 재빨리 줄행랑을 치는 것이 상책이다.

하지만 모든 유대인이 믿을 만한 친구가 아닌 피해야 할 적으로 여겼던 사마리아인은 피해자를 돕기 위해 목숨을 건다. 그야말로 진정한 이웃이다. 이 비유 속의 사마리아인은 불쌍한 유대인을 그 동포들보다도 더 사랑한다. 다시 말해, 그는 적들이 서로를 사랑하는 것보다도 적을 더 사랑한다.

믿음의 사람들이 자주 '적' 취급을 받는 세상 속에서 과연 그리스도인 리더들이 이 사마리아인처럼 생각하고 있는가? 그렇지 않다면 지금이라도 변해야 한다. 예수님이 말씀하셨듯이 우리 인생의 주된 목적과 임무는 자신의 권리와 특권, 안위를 지키는 것이 아니다. 오히려 매일 자신을 부인하고 자기 십자가를 지고 죽기까지 예수님을 따르면서 초월적인 사랑으로 이웃들, 특히 믿지 않는 이웃들에게 신선한 충격을 안겨 주는 것이다. 점점 기독교를 적대시하는 세상 속에서도 그리스도인들이 하늘을 품을수록 세상에 더 큰 유익을 끼칠 수 있다는 사실을 잊지 말아야 한다.

하지만 매일 십자가를 지고 예수님을 따르며 원수까지도 사랑한다는 그분의 비전을 좇겠노라 호언장담하기 전에 예수님의 열두 제자 중 열한 명이 그렇게 하다가 순교했다는 사실을 생각하라. 그들은 비유적으로가 아니라 실질적으로 자기 십자가를 지고 예수님을 죽기까지 따랐다.

초대교회는 사랑의 삶이 안전을 보장해 주지 않는다는 사실을 정확히 알고 있었다. 정반대로 사랑의 삶은 그들의 안전을 위협했다.

로마에 역병에 닥쳤을 때 그리스-로마의 많은 시민들은 병이 옮을까 두려워 가족들을 거리로 내쫓았다. 그러나 그리스도인들은 거리로 나가 역병으로 죽어가는 로마의 남녀노소를 지극정성으로 돌보았다. 그 로마인들의 대다수는 예수님을 믿지 않고 로마 황제에게 충성하는 자들, 즉 그리스도인들을 적으로 여기던 자들이었다.

그런데 그들에게 사랑과 돌봄, 환대, 복음, 그리고 인간답게 죽을 기회를 제공해 준 것은 로마 황제나 동포들이 아닌 그리스도인들이었다. 그때 많은 그리스도인이 그들에게 자신의 삶과 집의

문을 열어 주었다가 병이 옮아 죽었다. 이 희생적인 사랑 앞에서 율리아누스 황제는 그리스도인들이 로마의 빈민들과 병자들을 로마보다도 잘 돌보았다고 인정했다. 그는 이것을 로마 통치의 위협으로 보았는데, 과연 그랬다. 주전 3세기, 그리스도인으로 알려진 핍박받는 소수의 아름다운 행동은 결국 로마의 도덕적 구조를 완전히 변화시키고 말았다.

무엇을 추구하는지 보여 주다

그리스도인들은 세상에 자신들이 무엇을 '반대하는지'가 아니라 무엇을 '추구하는지'를 보여 주어야 한다. 비그리스도인들이 예수님께 긍정적인 관심을 가게 만드는 그리스도인 리더들의 리더십이 특히 중요하다. 성경은 "할 수 있거든 너희로서는 모든 사람과 더불어 화목하라"(롬 12:18)라고 말한다. 리더들이 성도들에게 세속의 윤리에 맞서라고 촉구하기보다는 성도들이 성령 충만하고 생명을 주는 기독교 윤리를 아름답고도 설득력 있게 실천하도록 이끌면 어떨까?

세상 문화의 도덕에 저항하는 데 쓰던 에너지를, 예레미야 선지자가 악한 세속의 바벨론에 포로로 잡혀 있던 유대인들에게 보여 준 비전 쪽으로 돌리면 어떨까?

만군의 여호와 이스라엘의 하나님께서 예루살렘에서 바벨론
으로 사로잡혀 가게 한 모든 포로에게 이와 같이 말씀하시니
라 너희는 집을 짓고 거기에 살며 텃밭을 만들고 그 열매를 먹
으라 아내를 맞이하여 자녀를 낳으며 너희 아들이 아내를 맞
이하며 너희 딸이 남편을 맞아 그들로 자녀를 낳게 하여 너희
가 거기에서 번성하고 줄어들지 아니하게 하라 너희는 내가
사로잡혀 가게 한 그 성읍의 평안을 구하고 그를 위하여 여호
와께 기도하라 이는 그 성읍이 평안함으로 너희도 평안할 것
임이라(렘 29:4-7).

팀 켈러의 유명한 표현처럼 그리스도인들이 "소수의 망명자
들"의 비전을 진지하게 받아들여 그 비전에 평생을 바치면 어떨
까? 그리스도인들의 연민과 돌봄으로 국민들의 삶의 질이 높아져
정부가 세금을 줄이면 얼마나 좋을까? 그리스도인들이 기독교를
믿지 않는 사람들에게 보여 준 사랑으로 인해 그들이 도시에서 쫓
겨날 때 믿지 않는 시민들이 슬퍼한다면?

역사를 보면 최상의 모습일 때 그리스도인들은 세상 사람들
에게 예수님과 그분의 은혜, 사랑, 용서, 베풂, 아름다움에 관해 말
할 뿐 아니라 그분의 성품과 윤리를 삶으로 아름답고도 분명하게
실천해 보여 준다. 아울러 그것을 표현하는 방식도 똑같이 중요하

다. 우리는 세상에 "아름다운 빛"을 보여 주어야만 한다.

앞서 나는 최근 올랜도의 한 게이 클럽에서 벌어진 충격적인 대량살육을 언급했다. 그때 그리스도인들은 침묵하거나 안전하게 멀찍이 떨어져 말로만 이러쿵저러쿵 할 것이 아니라 이웃을 네 몸처럼 사랑하라는 예수님의 명령을 있는 그대로 실천했어야 옳았다. 기독교의 리더들이 설교단에 서서 성적 성향에 대한 자신의 입장을 설명할 것이 아니라 현장으로 달려가 눈물을 쏟으며 사랑과 연민을 보여 주어야 할 때였다. 답을 제시하려고 할 때가 아니라 슬픔과 상실 속으로 직접 들어가야 할 때였다. 또한 같은 하나님의 형상을 품은 사람들을 위해 목소리를 높여야 할 때였다. 폭력과 불의가 난무할 때 침묵은 그리스도인들에게 절대 어울리지 않다. 마틴 루터 킹 주니어 박사의 말처럼 "어느 곳에서 불의가 나타나든 모든 곳의 정의가 위협을 받는다."

게이 클럽과 관련해서, 나는 예수님이라면 일부일처제라는 성경의 분명 원칙과 어긋난 성적 성향에 관해 애매모호한 입장을 내놓지는 않을 것이라고 생각한다. 아니, 많은 귀한 생명이 안타깝게 사라진 마당에 예수님이 그런 것부터 먼저 따지실 분이 아니라고 확신한다.

진정한 사랑은 언제나 귀를 기울인다

예수님이라면 먼저 그 게이 클럽에 나타나 상처로 신음하는 어른들과 아이들을 사랑으로 감싸 주셨을 것이라고 확신한다. 생각해 보라. 예수님은 종교적인 죄인과 비종교적인 죄인, 성적으로 문란한 죄인과 경건한 척하는 죄인, 밑바닥 인생의 죄인과 고결한 척하는 죄인을 따지지 않고 모든 종류의 죄인을 환영하고 그들과 함께 식사를 하셨지 않은가. 아무런 조건 없이 말이다. 바로 이것이 예수님이 보여 주신 리더십이었다. 예수님은 이런 리더십으로 인해 경건한 척하는 종교인들에게 숱한 비판을 받으셨다. 하지만 그 무엇도 그분이 주변 세상에 사랑과 은혜의 손을 뻗는 것을 막지 못했다.

올랜도 총기 난사 사건이 벌어진 지 하루인가 이틀이 지났을 때 타마라 루나도(Tamára Lunardo)라는 성소수자 지지자의 다음과 같은 트윗을 보게 되었다.

이성애자 친구들,

특히 당신네 그리스도인들,

그거 아시오?

당신들의 침묵이 정말 크게 들린다는 것을.

182

루나도는 그리스도의 제자를 자처하는 사람들을 제외한 모든 사람이 올랜도 사건에 애통해하는 것처럼 느꼈다. 루나도의 글은 마치 이렇게 말하는 듯했다. "이봐, 그리스인들! 지금 올랜도의 피해자들이 고통으로 신음하고 있소! 그런데 도대체 당신들의 눈물은 어디에 있는가? 당신들의 절규는 어디에 있는가? 당신들의 연민은 어디에 있는가? 만약 그것들이 조금이라도 있다면 우리가 보고 느끼고 경험할 수 있게 해 보라. 당신들이 정말로 빛을 갖고 있다면 지금은 말 아래 숨길 때가 절대 아니지 않소?"

물론 루나도의 우려와 달리 예외적인 그리스도인들도 분명 있었다. 피해자와 유족들을 위해 함께 애통하자고 촉구하는 남침례교 리더 러셀 무어(Russell Moore)의 강력한 글이 그러했다. 매트 챈들러(Matt Chandler) 목사도 다음과 같은 트윗을 남겼다.

이 얼마나 끔찍한 악행인가. 그리스도인들이여, 우리의 이슬람교 친구들이자 이웃들은 오늘 아침 깨어서 세상이 자신들을 어떻게 볼까 걱정하고 있습니다. 그들을 사랑해 줍시다. 이 일로 성소수자들이 느낄 두려움과 고통을 헤아려 주십시다. 이 흉악하고도 어처구니없는 폭력 앞에서 하나님의 사람들이 됩시다.

하지만 우리의 현실이 분명 루나도의 지적을 받을 만하기에 그리스도인들, 특히 그리스도인 리더들은 거울을 솔직히 들여다보아야 한다. 방어적으로 굴기는 너무도 쉽다. 하지만 진정한 사랑은 언제나 귀를 기울이는 법이다. 때로 믿지 않는 사람들이 어떻게 하면 우리가 예수님을 더 잘 따를지를 더 명쾌하게 가르쳐 준다.

전 하버드 대학 교목인 크리스 스테드먼(Chris Stedman)이 쓴 글의 다음 발췌문은 차이를 초월한 사랑의 리더십을 잘 보여 주고 있다.

> 그리스도인들과 무신론자들 사이의 틈은 깊다. … 나는 반드시 이 틈을 메울 것이다. … 무신론자들과 그리스도인들, 그 외에 믿음과 배경을 막론한 모든 사람과 합력하여 더 협력적인 세상을 만들어갈 것이다. 해야 할 일이 많다. … 아무쪼록 이 팁들이 그리스도인들과 무신론자들 사이에 더 좋은 대화를 이끌어내는 데 도움이 되기를 바란다. 차이를 초월해서 더 솔직하고 유익하고 훈훈한 대화를 나눌 수 있는 세상을 함께 만들어갔으면 좋겠다.[2]

그는 무신론자이자 '동성애자'다. 민감한 문제에 의견을 달리

하면서도 서로 깊은 우정을 나누는 것이 가능할까? 서로를 가르는 선에 상관없이 서로를 위해 애통하는 것은 충분히 가능할 뿐 아니라 '명령이자 권리'다. 그럴 때 '선'은 오히려 '다리'로 변할 수 있다. 무신론자이자 성소수자인 크리스 스테드먼은 그런 일이 가능하다고 믿는다.

예수님의 제자이자 예수님을 따르는 다른 이들의 리더로서 나는 그것이 가능할 뿐 아니라 그리스도인 리더십의 중요한 일부라고 믿는다. 우리가 애통하는 모든 이웃과 함께 애통해야 하는 이유는 예수님의 분명한 명령이기 때문이다. 한 율법 교사가 예수님께 물었다. "내 이웃이 누구니이까?"(눅 10:29) 하나님의 자녀여, 당신의 '가까이'에서 당신의 '도움'을 필요로 하는 사람이면 누구나 당신의 이웃이다.

예수님을 보라. 그분은 단 한 사람만 돌아와 고맙다는 인사를 할 줄 알면서도 열 명의 나병 환자를 모두 치료해 주셨다. 그분은 유대인들과 사마리아인들이 서로를 지독히 미워하는 현실 앞에서 사마리아인을 이웃 사랑에 관한 이야기의 주인공으로 삼으셨다. 그분은 라합이 이스라엘 정탐꾼들에게 숨을 곳을 제공할 때 아직 창녀로 몸을 팔고 있었음에도 그 일을 칭찬하셨다. 그분은 세 번이나 부인하고 아직 회개는커녕 죄송하다는 말조차 하지 않은 베드로에게 사랑으로 먼저 다가가셨다. 그분은 사창가에서 곧바로 와서 창녀의 입술로 그분의 발에 입을 맞추고 창녀의 향수를 그분의 발에 부은 창녀를 환대해 주셨다. 그분은 그것이 당시의 규범에서 얼마나 어긋난 짓인지를 따지지 않고 그런 사랑의 표현을 칭찬해 주셨다.

〈크리스채니티 투데이〉(Christianity Today)의 케이트 쉘너트(Kate Shellnutt)는 올랜도 사건 후에 이웃 사랑의 정신으로 트위터에 다음과 같은 글을 올렸다.

> 올랜도 대학살과 관련한
> 프라이드(Pride) 행사의 경비 서비스에
> 자원할 교회들을 찾는다.
> #네이웃을사랑하라

도발적인 발언이지만 예수님이라면 고개를 끄덕이실 것 같다. 모든 그리스도인 리더들이 마음에 새기고, 자신이 이끄는 사람들에게도 들려주어야 할 말이 아닌가 싶다.

하나님은 담을 세우지 않는다

쉘너트의 트윗은 그리스도인이 소유하고 운영하는 레스토랑

체인 칙필에이(Chick-fil-A)가 올랜도 총기 난사 사건 이후 벌인 일을 생각나게 한다.[3] 원래 주일마다 칙필에이는 직원들이 예배하고 안식할 수 있도록 '항상' 문을 닫지만 올랜도 사건 이후 주일에는 막대한 양의 차와 레몬에이드, 샌드위치를 만들기로 결정했다. 직원들은 그렇게 만든 빵과 음료를 들고 거리로 나가 참사 희생자들을 위해 헌혈하는 사람들에게 무료로 나누어 주었다.

이 회사의 회장 겸 CEO인 댄 케이시(Dan Cathy)는 역사적인 유대 기독교 성 관념으로 인해 한 게이 운동가에게 보이콧을 당한 적이 있다. 그때 케이시는 오히려 그 게이 운동가에게 다가갔고 결국 두 사람은 친구가 되었다.[4]

예수님의 참된 제자들은 기독교 신앙에도 불구하고가 아니라 오히려 그 신앙 때문에 신앙이 다른 사람들을 적극적으로 사랑하고 섬기고 그들의 말에 귀를 기울인다.

올랜도 사건 때 보여 준 칙필에이의 행동은 하나님이 만인을 향해 보여 주신 행동을 본받으려는 시도였다. 바로 하나님의 그 행동이 우리를 믿음으로 이끌었다.

우리가 회개해서 하나님이 우리를 인자로 대해 주시는 것이 아니라 하나님의 인자가 우리로 하여금 회개하게 하는 것이다. 즉 하나님은 의로운 자나 불의한 자나 상관없이 모두에게 비를 내려 주신다. 하나님은 자신의 인자에 대해 어떤 조건도 붙이시지 않는다. 하나님은 담을 세우시지 않는다. 따라서 우리도 그러지 말아야 한다.

그리스도인 리더들이여, 하나님의 인자가 성경책의 페이지에서만 드러나는 것이 아니라 우리의 삶과 사랑을 통해서도 드러나게 하자. 예수님을 따를수록 성경의 모든 말씀이 옳고 좋고 참되다는 사실을 더 보수적으로 믿게 되고, 그럴수록 사랑을 실천하는 모습에서는 더 자유주의적이게 되기 때문이다.

예수님은 간음한 여인에게 "나는 너를 정죄하지 않으니 이제 가서 죄의 삶을 떠나라"(요 8:11)라고 말씀하셨다. 이 문장의 순서를 바꿔 "네가 죄의 삶을 떠나면 너를 정죄하지 않겠다"로 만들면 기독교를 잃는다. 이 순서를 뒤집으면 예수님을 잃는다.

성소수자들을 비롯한 이웃들이 생각하는 사랑으로 그들을 사랑해 주는 것, 바로 이것이 믿음의 반응이다. 물론 이런 반응을 보이면 종교적인 독선에 빠진 사람들과 관계로 인해 상처를 받은 사람들에게 의심의 눈총을 받기 쉽다. 그런가 하면 너무 은혜에 치우쳐서 율법을 경시한다는 비난을 받을 수도 있다. 방관자들, 특히 경건한 체하는 사람들에게 "술 취하고 음식을 탐하는 자"라는 비난을 받기 쉽다. 그것은 비슷한 비난을 당하신 예수님의 향기가 우리에게서 풍기기 때문이다.

이론상으로는 이것이 합당하게 들리지만 현실은 훨씬 더 복잡하다. 도스토옙스키가 《카라마조프씨네 형제들》(*The Brothers Karamazov*)에서 말했듯이 실제 사랑은 꿈속의 사랑보다 두려운 것이다. 하지만 복잡한 현실의 사랑, 신념을 버리지 않되 신념이 다른 사람들에게 연민과 공감을 보여 줄 수 있는 사랑이 뿌리 없이 감정에만 치우친 꿈속의 사랑보다 훨씬 낫다. 꿈속의 사랑이 아닌 복잡한 현실의 사랑이 바로 예수님이 보여 주신 사랑이다. 우리는 바로 이 본을 따라야 한다.

그래서 다시 묻겠다. 사람들과 의견을 철저히 달리 하면서도 그들을 깊이 사랑해 주는 것이 가능한가? 깊은 신념을 간직하되 그 신념을 거부하는 사람들을 포용하는 것이 가능한가?

물론 가능하다. 예수님과 부자 청년의 만남이 기억나는가?(막 10:17-27) 예수님은 그 청년에게 전 재산을 팔아 가난한 자들에게 나누어 주고 나서 자신을 따르라고 명령하셨다. 그러자 청년은 재산이 많은 연고로 그냥 예수님을 떠나갔다. 이 이야기를 읽어본 적이 있다면 다음과 같은 두 가지 특이한 점을 발견했는가?

첫째, 예수님은 그 청년을 보고 사랑하셨다.
둘째, 그 청년은 슬퍼하며 예수님을 떠나갔다.

청년은 기분 나쁜 얼굴로 몸을 홱 돌려서 가지 않았다. 그는 비난이나 위협, 거부, 소외를 당한 기분을 느끼지 않았다. 그는 예수님과 제자들에게 "그거 아시오? 당신들의 침묵이 정말 크게 들린다는 것을"이라고 말하지 않았다. 그는 단순히 슬퍼서 갔다. 그것은 돈의 우상에 사로잡혀서 떠나긴 하지만 자신이 더 진정한 부를 놓치고 있다는 사실을 느끼는 데서 온 슬픔이었다.

그렇다면 점점 세속화로 흐르는 이 문화 속에서 우리는 궁극적으로 더 중요한 것이 무엇인지를 스스로에게 물어야 한다. 상대방이 비참한 기분을 느끼건 말건 깔아뭉개고 나서 자신의 도덕적 우위에 득의양양해하는 것이 더 중요할까? 아니면 선과 장애물이 다리로 변할 때까지 사랑하고 또 사랑해 주는 것이 더 중요할까?

우리가 옳음을 주장하고 문화 전쟁에서 이기고 도덕적 칼날을 들이댈 뿐 누구의 마음도 얻지 못한다면 하나님이 너무도 안타까워하실 것이다. 진리와 사랑은 함께 갈 수 있다. 아니, 진리와 사랑은 반드시 함께 가야만 한다.

베드로는 그리스도인들이 신념으로 인해 매일같이 조롱과 비방, 핍박을 당하던 문화 속에서 다음과 같은 말을 했다.

너희 마음에 그리스도를 주로 삼아 거룩하게 하고 너희 속에 있는 소망에 관한 이유를 묻는 자에게는 대답할 것을 항상 준비하되 온유와 두려움(존중)으로 하고 선한 양심을 가지라. 이는 그리스도 안에 있는 너희의 선행을 욕하는 자들로 그 비방하는 일에 부끄러움을 당하게 하려 함이라(벧전 3:15-16).

비판자들이 친구로 변했고 선은 연결을 위한 다리로 변했다. 이는 온유와 존중을 통해 가능했다. 비판하기보다는 울음과 슬픔에 귀를 기울이라. "건너편 길로 지나가지" 말고, 상대방이 믿는 사람이든 믿지 않는 사람이든 상관없이 모든 어려운 이웃에게 연민을 보여 주라. 어느 분야에 있는 리더건 이것이 진정한 섬기는 리더십(servant leadership)의 핵심이다.

그리고 이 접근법 곧 예수님의 접근법이 반대에 부딪힐 때마다 마더 테레사(Mother Teresa)가 캘커타의 가난과 싸울 때 집 벽에 적은 다음 글을 기억하라.

"세상에 당신이 가진 가장 좋은 것을 주어도 충분하지 않을지 모른다.
그래도 상관없이 당신이 가진 가장 좋은 것을 주라."

우리가 환난 중에도 즐거워하나니 이는 환난은 인내를, 인내는 연단을,
연단은 소망을 이루는 줄 앎이로다. 소망이 우리를 부끄럽게 하지 아니함은 우리
에게 주신 성령으로 말미암아
하나님의 사랑이 우리 마음에 부은 바 됨이니.
-로마서 5장 3-5절

Chapter 8

고난으로 절뚝거릴 때

애통, 구속과 소망으로 나아가는 길이다

지난 한 해는 내게 개인적으로 매우 힘든 시절이었다. 뿐만 아니라 내가 속한 공동체에도 극심한 한파가 불어 닥쳤다.[1]

사랑하는 어머니는 치매를 잘 아는 사람들이 '기나긴 작별'이라고 부르는 말기 단계에 접어들었다. 나의 어머니를 지극정성으로 돌보던 아버지는 자신의 어머니를 묻어야 했고, 두 번의 큰 수술을 받으셨다. 이제 70대 중반이 된 아버지는 거동이 불편하실 정도로 쇠약해지셨다.

　내슈빌과 그리스도 장로교회에는 암과 루게릭병, 치매, 장례식이 끊이지 않았고, 그중 상당수가 너무 안타까울 정도로 젊은 나이에 비극을 맞았다. 우리 교회가 창립한 이래로 열다섯 쌍의 부부가 피눈물을 흘리며 자녀를 예수님의 영원하신 품으로 떠나보내야 했다. 가장 최근에는 한 중학생 아이가 안타까운 생을 마감했다. 그 아이는 음악적인 재능과 남다른 달리기 실력까지 겸비한 주 챔피언 체조선수였다. 게다가 얼마나 유쾌한지, 그 아이가 가는 곳마다 웃음꽃이 피어났다. 가장 사랑스러운 점은 깊고도 진정한 믿음을 지닌 것이었다.

　이번 주 우리 교회 성도인 내슈빌의 뉴스 앵커가 말기 암에 걸린 지역 고등학교의 선생인 벤 엘리스(Ben Ellis)를 인터뷰했다. 벤은 지위나 명예의 힘이 아닌 인격의 힘으로 리더십을 발휘하여 모두의 사랑을 받아왔다. 우리 딸들은 여태껏 만나본 가장 친절한 선생님으로 벤을 꼽았다. 사실, 그런 학생이 한둘이 아니었다.

　벤의 인터뷰는 내슈빌의 유명한 뮤지션 팀 맥그로우(Tim McGraw)가 올려서 입소문을 탄 한 동영상을 중심으로 이루어졌다. 동영상은 그리스도 장로교회 아카데미의 4백 명 이상의 고등학생이 벤의 침실 창문 밖에서 찬양을 부르는 내용이었다. 학교 당국과 교사들은 남들과 함께 하나님을 찬양하는 것이 엘리스가 가장 좋아하는 일 중 하나라는 것을 알고서 수업보다도 그와 그의 가족에게 사랑을 보여 주는 일이 더 중요하다고 판단했다. 참으로 사랑과 연민이 대단한 공동체다. 질병이나 슬픔, 고통, 죽음이 있는 곳은 고난의 종 예수님께 붙들린 사람들이 표현하는 하나님의 사랑을 맛볼 수 있는 곳이기도 하다.

이 동영상이 2백만 조회수를 기록하고 지상파 뉴스에서 특종으로 다루기 시작한 지 하루 이틀 뒤, 엘리스 부부의 친구이자 전 목사인 러스 램지(Russ Ramsey)가 부부의 집에 들렀다. 그와 잠깐 대화를 나누던 중 벤은 자신의 고통을 통해 하나님의 은혜와 사랑의 메시지가 더 많은 사람에게 전해질 수 있도록 자신에게 단 며칠의 시간만 더 달라는 기도를 했다고 말했다.

이런 목적을 위해 며칠만 더 살게 해 달라는 기도, 상상이 가는가? 고통을 치유하거나 고통에서 해방시켜 달라는 기도가 아닌 이런 기도, 상상이 가는가? 하지만 하나님의 목적과 영광을 향한 열정으로 불타는 마음은 궁극적으로 이런 기도를 드릴 수밖에 없다.

하지만 질병과 슬픔, 고통, 죽음은 엄연히 끔찍한 것들이다. 이것들은 인간의 존엄과 공동체, 번영에 대한 공격이다. 이것들이 닥칠 때 우리는 어떻게 해야 할까? 벤 엘리스의 경우, 고통은 사람들을 이끌고 사랑할 기회가 되었다. 그렇다. 성령 충만한 사람들에게는 심지어 고난과 죽음도 진정성과 치유, 희망의 땅으로 가는 문이 될 수 있다.

애통과 저항으로 이끌다

한번은 내가 중죄인들만 가둔 감옥에서 예배를 인도하던 중 부유한 교회에서 온 초청 합창단이 무대 위에 올라 찬양을 불렀다. 그곳에는 종신형을 선고 받아 평생 철창 밖을 나갈 일이 없는 죄수들이 대다수였다. 그런데 아이러니하게도 그 합창단이 부른 찬양에는 "예수님 안에서는 모든 문제가 사라지네!"란 가사가 포함되어 있었다.

물론 그 교회의 합창단은 죄수들을 위로하고 격려하려는 좋은 의도로 그 곡을 선곡한 것이었을 테다. 하지만 이 가사는 문제로 '가득한' 죄수들의 입장에서는 전혀 솔직하지 않을 뿐 아니라 지독히 비성경적이다. 분명 예수님은 지상대명령을 받고 곧 리더가 될 사람들에게 이 세상에서 그들이 환난을 겪을 것이라고 말씀하셨다. 그분의 제자들이 만난 문제들은 그분의 임재 안에 있다고 해서 사라지기는커녕 오히려 더 커졌다.

예수님은 제자들과 그들이 이끄는 사람들이 그분에 대한 사랑에도 '불구하고'가 아니라 그 사랑 때문에 온갖 악을 만나 핍박을 당하고 모함을 받으며 심지어 죽음까지 맞을 것이라고 약속하셨다. 예수님은 우리가 이 땅에서 문제없는 삶을 살 것이라고 말씀하신 적이 없다. 오히려 예수님은 그분을 따르면 매일 십자가를 지게 될 것이라고 말씀하셨다.

예수님의 제자들도 세상 사람들이 겪는 질병과 슬픔, 고통, 죽음을 똑같이 겪는다. 우리도 유산, 깨진 관계, 치명적인 병, 실직, 모함, 주변 사람들의 거부를 똑같이 겪는다. 그런 일이 닥칠 때 올바른 반응은 하나님의 임재 안에서 모든 문제가 사라진다며 스스로를 속이는 노래를 부르는 것이 아니라 애통하고 저항하되 끝까지 믿는 것이다.

예수님도 우셨다. 예수님도…

예수님도 친구 나사로의 무덤 앞에서 울고 분노하셨다(요 11:1-38). 사도 바울은 죽음을 적이라 부르며 조롱했다(고전 15:53-57). 그렇다면 하나님이 우리가 죽음 앞에서 그저 어깨를 한번 으쓱하고 나서 씩 웃기를 기대하실 리가 없다. 에덴동산에 질병과 슬픔, 고통, 죽음 따위는 없었다. 그리고 이것들은 새 하늘과 새 땅에서도 없을 것이다(계 21:1-5). 다시 말해, 이것들은 자연적인 것이 아니다. 이것들은 에덴동산에 침입한 추악한 불청객들이다. 따라서 몸이 구토와 열로 바이러스를 거부하는 것처럼 우리의 몸과 영혼은 질병과 슬픔, 고통, 죽음을 본능적으로 거부한다.

성경을 읽어 본 사람이라면 머리부터 발끝까지 종기가 나서 괴로운 몸으로 열 자녀를 모두 땅에 묻어야 했던 욥을 알 것이다. 그런데도 욥은 "비록 그분이 날 죽이실지라도, 나는 그분을 믿고"라는 고백을 했다. 하지만 곧바로 이어지는 말은 좀처럼 주목을 받지 못한다. "내 주장을 굽히지 않을 걸세."(욥 13:15, 쉬운성경) 다시 말해, "하나님께 따질 걸세."

시편에도 애통하고 항의하고 불평하는 내용이 꽤 많다. 정치적 리더로 하나님의 마음에 합당한 자였던 다윗도 "여호와여 어느 때까지니이까? 나를 영원히 잊으시나이까?", "내가 내 원통함을 그의 앞에 토로하며", "나의 피난처도 없고 내 영혼을 돌보는 이도 없나이다", "내 하나님이여, 내 하나님이여, 어찌 나를 버리셨나이까?"(시 13:1; 142:2, 4절; 22:1)라고 말했다.

결국 욥과 다윗은 둘 다(한 명은 자기 지역의 유지이고 다른 한 명은 일국의 왕) 자신이 아는 하나님의 성품을 근거로 자신의 감정을 (어느 정도 맞게)해석했다. 다윗은 "내 영혼아 네가 어찌하여 낙심하며 어찌하여 내 속에서 불안해하는가?"라고 스스로 묻고 "너는 하나님께 소망을 두라"라고 스스로 답했다. 하지만 둘 다 질병과 슬픔, 고통, 죽음 앞에서 자신의 감정을 억누르지는 않았다. 둘 다 자신의 감정을 놓고 기도했다. 둘 다 감정을 솔직히 표출했다. 둘 다 하나님이 우리 몸의 열기 배출구로 주신 분노와 슬픔, 눈물을 십분 활용했다.

욥과 다윗, 예수님처럼 애통하고 저항했던 믿음의 거인들이 또 있다. 그 중 한 명은 암벽 등반 사고로 아들 에릭(Eric)을 잃어버린 예일 대학교 교수 니콜라스 월터스토프(Nicholas Wolterstorff)다. 그는 《나는 사랑하는 사람을 잃었습니다》(Lament for a Son)라는 구구절절한 책에 다음과 같은 글을 남겼다.

> 오 하나님, 당신이 이렇게 우리를 도려내고 찢는 일을 허락하시는데 그 어떤 믿음이 견뎌내겠습니까? 당신은 피바다가 흐르고 고통의 산이 솟아나고 흐느낌이 인류의 노래가 되게 하셨습니다. 우리의 눈에는 당신의 노력이 하나도 보이지 않습니다. 당신은 헤아릴 수 없이 많은 사랑의 끈이 고통스럽게 끊어지게 허락하셨습니다. 당신이 우리를 버리시지 않았다면 어디 한번 설명해 보십시오. 귀를 쫑긋하고 듣겠습니다.[2]

옥스퍼드 대학교 교수 C. S. 루이스도 잔인한 암으로 아내를 먼저 떠나보낸 뒤 《헤아려본 슬픔》(A Grief Observed)이란 책에서 극심한 심적 고통과 혼란을 토로했다.

한편, 하나님은 어디 계신가? … 행복할 때, 너무 행복해서 그분이 전혀 필요하게 느껴지지 않을 때, 너무 행복해서 그분이 우리에 대한 소유권을 주장하시는 것이 방해처럼 느껴질 때, 그럴 때 퍼뜩 정신을 차리고 감사와 찬양으로 그분께 돌아가면 그분이 두 팔을 벌려 환영해 주시는 것을 느낄 것이다. 하지만 그분이 절박하게 필요할 때, 다른 모든 도움이 소용이 없을 때 그분께 나아가면 무엇을 발견할까? 눈앞에서 문이 꽝 닫히고 안에서 빗장을 이중으로 거는 소리가 들릴 것이다. 그 다음에는 침묵만 이어질 것이다. 어서 몸을 돌려서 가는 편이 낫다. 오래 기다릴수록 침묵의 소리가 더 커질 뿐이니 … 이것이 무엇을 의미하는 것일까? 왜 번영의 시절에는 사령관이 그토록 분명하게 보이고 고난의 시기에는 도움이 그토록 안 보이는 것일까?[3]

예수님은 질병과 슬픔, 고통, 죽음을 거부하셨다. 그래서 우리도 그래도 된다. 아니, 그래야만 한다. 이것이 죄와 슬픔으로 얼룩진 이 세상에서 좋은 리더십을 발휘하기 위한 요건 중 하나다. 예수님은 다가올 새 세상에 관한 희망을 허락하실 뿐 아니라 지금 우리가 사는 무너진 세상에 관해 솔직한 반응도 허락하신다.

상처를 통해 치유자가 되다

예수님은 우리를 아픔과 고통에, 저항과 애통에 동참하라고 초대하실 뿐 아니라 구속과 소망으로도 초대하신다. 내 책《예수님처럼 친구가 되어 주라》(*Befriend*)에서 걱정과 우울증에 빠졌던 경험을 솔직히 나눈 바 있다. 우울증이 가장 심했을 때는 육체적, 영적, 감정적으로 완전히 무너져 자살까지는 하지 않았지만 하나님께 이 고통을 치유해 주시거나 내 삶을 끝내 달라고 매일같이 기도했다. 수면제 없이는 잠을 잘 수 없었고 몸무게가 13킬로그램이나 빠졌다. 먹지도 못하고 아침에 잠자리에서 일어나지도 못할 지경이었다. 그 당시 내게 모든 상황에서 이루어지는 하나님의 선한 역사를 약속하는 로마서 8장 28절 같은 성경 구절을 인용해 봤자 쇠귀에 경 읽기였을 것이다.

하지만 돌이켜보면 지금은 그 지겨운 시절 가운데서도 하나님의 손길이 눈에 들어온다. 그리스도 장로교회 담임목사로 부임한 지 2년이 되었을 때 한번은 성도들에게 내 근심과 우울증을 솔직히 고백했다. 예배가 끝나고 나서 한 성도가 나를 찾아와 말했다. "목사님, 제가 볼 때 목사님은 말씀을 꽤 잘하신다고 생각합니다. 하지만 오해하지 말고 들어주세요. 저는 솔직히 목사님의 설교에 감명을 받아본 적이 한 번도 없습니다. 하지만 오늘 목사님이 개인적인 문제를 전 교인 앞에서 솔직히 털어놓으시는 걸 보고 …

오늘부터 목사님을 '제' 목사님으로 모시겠습니다."

앤 라모트는 이런 말을 했다. "미치고 큰 상처를 입었어도 괜찮다. 가장 뛰어난 사람들이 다 그러니까."

십대 시절의 사고로 평생 휠체어 신세를 겨온 조니 에릭슨 타다(Joni Eareckson Tada)도 비슷한 말을 했다. "때로 하나님은 좋아하는 일을 이루기 위해 싫어하는 일을 허락하신다."

타다는 누구보다도 이런 종류의 말을 할 자격이 있는 사람이다. 하나님은 그녀의 휠체어를 그녀 자신보다도 더 싫어하신다. 휠체어는 그분이 만물을 창조하신 본래의 모습에 대한 공격을 의미하기 때문이다. 하지만 그분은 그 휠체어가 수많은 사람에게 전해 주는 희망과 격려만큼은 더없이 좋아하신다. 타다의 이야기와 사역은 수많은 장애인에게 희망과 도움을 줄 뿐만 아니라 우리 모두가 각자의 시련과 고통 속에서 하나님의 구속을 볼 수 있게 도와준다.

하나님이 치유하시는 은혜를 보여 주는 또 다른 인물은 2008년 딸 마리아(Maria)를 사고로 잃은 스티븐 커티스(Steven Curtis)와 메리 베스 채프먼(Mary Beth Chapman) 부부다. 채프먼 부부는 지금도 딸을 사무치게 그리워하고 있다. 하지만 부부는 딸을 잃은 아픔으로 주저앉아 있지 않고 딸을 위해 다시 일어나, 자신들이 세운 쇼 호프(Show Hope) 사역에 노력을 배가시켰다. 쇼 호프는 고아들에게 영원한 가족들을 찾아 주는 비영리 입양 사역 단체다. 수많은 사람이 쇼 호프를 통해 각자의 시련과 아픔 속에서 힘을 얻고 구속의 현실을 경험하고 있다.

릭 워렌(Rick Warren) 목사와 케이(Kay) 사모도 빼놓을 수 없다. 아들 매튜(Matthew)가 정신질환을 앓다가 자살한 뒤 워렌 목사 부부는 자신들의 삶이 "다시는 예전으로 돌아갈 수 없고 … 예전의 릭과 케이는 사라졌다"며 찢어지는 가슴을 솔직히 표현했다. 그런데 두 사람은 그 슬픔의 에너지를 매튜처럼 정신질환으로 고생하는 사람들을 돕는 데 쏟고 있다. 매튜의 비극적인 죽음에 대한 두 사람의 반응은 절망이 아니라 "부러진 나무가 열매를 맺는다"라는 대담하고도 성경적인 고백이다.[4]

슬픔 전문가 엘리자베스 퀴블러로스(Elisabeth Kübler-Ross)는 이렇게 말했다. "가장 아름다운 사람들은 … 실패와 고난, 시련, 상실을 겪고 그 깊은 구덩이에서 빠져나오는 길을 발견한 사람들이다."[5]

조니 에릭슨 타다, 채프먼 부부, 워렌 부부는 창자가 끊어지는 아픔을 솔직히 표현하는 동시에 그 아픔을 극복하는 모습을 통해 다른 사람들에게 치유의 희망을 전해 주고 있다.

가장 처절한 상처에서도 희망이 솟아날 수 있는 것은 분명 사실이지만 아직 쓰라린 상처를 다시 헤집지 않도록 조심해야 한다.

극심한 고통의 한가운데서 고린도후서 1장을 설교하는 말을 기분 좋게 들을 사람은 세상 어디에도 없다. 하지만 하나님이 환난 가운데 우리를 위로하시고 우리가 받은 그 위로로 남들을 위로하게 하신다는 고린도후서 1장은 분명 진리다. 나는 질병이나 슬픔, 고통, 죽음 가운데 있는 사람들에게 이 진리를 설교하는 대신 그들이 이 진리를 경험하게 해 달라고 남몰래 조용히 기도한다. 우리는 찰리 피콕(Charlie Peacock) 노래의 다음 가사를 기억하며, 설교하고 싶은 유혹을 뿌리치고 힘든 사람들을 위해 조용히 기도하며 묵묵히 그들의 곁을 지켜 주어야 한다.

> 하늘 아버지 … 모든 답을 갖고 있는 자들의
> 입술을 잠잠하게 하소서.
> 지금은 눈물을 흘려야 할 때임을 저들에게 자상히 알려 주소서.[6]

답을 제시할 필요는 없다. 아니, 슬픔의 한복판에서 신음하는 사람들에게 주제넘게 답을 제시해서는 안 된다. 상황에 완벽히 어울리는 성경 구절을 인용하거나 찬송가를 부를 필요는 없다. 그저 조용히 곁에 있어주기만 하면 된다. 슬퍼하는 자들과 함께 슬퍼하기만 하면 된다.

나는 하나님께 아파하는 자들의 삶 속에서 그분의 때에 가장 적절하고도 유익한 방법으로 계획을 펼쳐 달라고 은밀하고도 조용히 기도한다. 하나님의 계획은 자녀를 해치는 것이 아니라 번영하게 하시는 것, 모든 자녀에게 희망과 미래를 주시는 것이다(렘 29:11). 나는 아파하는 자들이 희망을 발견할 뿐 아니라 다른 사람들에게도 그 희망을 전하게 해 달라고 하나님께 은밀하고도 조용히 기도한다.

슬픈 것이 회복되리라는 약속의 소망

고통으로 신음하는 하나님의 자녀들이 그리스도와 공유하는 미래의 약속으로 인해 현재의 슬픔을 견뎌낼 수 있도록 성령이 힘을 주시기를 간절히 기도한다.

매주 우리 그리스도 장로교회 성도들이 성찬식을 시작하며 낭송하는 구호가 하나 있다. "그리스도가 죽은 뒤에 부활하셨으며 언젠가 다시 오실 것이다." 바로 이것은 역사상 가장 영향력 높은 리더 가운데 한 명이었던 사도 바울이 고린도 교인들에게 전해 주었던 소망이다. 바울은 고린도 교회에 보낸 편지의 열다섯 번째 장에서 그리스도가 죽음에서 육체적으로 부활하시지 않았다면 그리스도인들은 세상에서 가장 불쌍한 사람들이라고 선포했다. 그리스도가 죽음에서 부활하시지 않았다면 우리는 아무런 소망이 없다. 셰익스피어의 맥베스가 절망 가운데 울부짖었던 것처럼 "인생은 백치가 지껄이는 이야기와도 같다. 시끄럽고 정신이 없으나 아무 뜻도 없다."[7]

하지만 바울은 자신을 비롯한 5백 명 이상 목격자의 증언을 근거로 그리스도가 '분명' 부활하셨다고 주장한다. 그렇게 그리스도가 부활하셨기 때문에 우리도 부활할 것이다. 스티븐 커티스가 사랑하는 딸 마리아를 그리며 쓴 곡의 가사처럼 "아름다운 이가 다시 살아나리라! 아름다운 이가 다시 살아나리라! 우리는 폐허 위에서 춤을 추리라. 두 눈으로 그것을 보리라!"[8]

십자가 죽음으로 고통당하신 예수님은 우리의 약함에 깊이 공감하신다. 질병과 슬픔, 고통, 죽음을 '자발적으로' 겪으셨고 그분이 죽음에서 살아나셨다. 그분의 부활은 우리도 믿는 친구와 가족들과 함께 죽음을 이기고 부활할 것이라는 확신을 준다.

최근 우리가 잠시 작별을 고한 어린 중학생 체조선수도 다시 살아날 것이다. 벤 엘리스, 그리고 그의 친구들과 가족들도 다시 살아나 어린 마리아 채프먼처럼 폐허 위에서 춤을 출 것이다. 우리 어머니도 더 이상 치매라는 악에 시달리지 않을 것이다. 언제나 또렷한 정신으로 특유의 재치를 뽐내실 것이다. C. S. 루이스도 사랑하는 아내 조이와 상봉하고, 니콜라스 월터스토프도 사랑하는 아들 에릭을 다시 만날 것이다. 그리스도 안에서 죽은 자들이 모두 부활하여 그분의 바로 면전에서 영원히 함께 살 것이다.

최근 스무 명의 꼬부랑 할머니들과 함께 이 현실을 다시 기억할 기회가 있었다. 몇몇은 할아버지를 먼저 떠나보낸 이 할머니들은 자신들도 곧 죽을 것이라는 사실을 너무도 잘 알고 있었다. 그래서 이 할머니들은 깊이 슬퍼했지만 그리스도 안에서 죽은 자들이 모두 다시 살아날 것이기에 희망 없이 슬퍼하지는 않았다(살전 4:13-18).

결국은 해피엔딩이다

고난의 시기를 잘 지나는 것이야말로 최상의 리더십이 아닐까 싶다. 죽음, 애통, 눈물, 고통에 굴복하지 않는 모습을 보이는 것이야말로 최상의 리더십이다.

하나님은 우리의 모든 눈물을 보신다. 하지만 단순히 보기만 하시는 것이 아니라 함께 눈물을 흘리시며(요 11:35) 우리의 눈물 한 방울 한 방울을 신성한 병에 담아 보물처럼 간직하신다(시 56:8). 하나님은 죽음으로 인해 사랑하는 이와 이별하는 고통을 아신다. 하나님은 아들을 땅에 묻는 피눈물 나는 고통을 직접 겪어서 아신다.

이 사실이 오늘 우리에게 위로가 되지는 않더라도 언젠가는 이 사실의 위력을 똑똑히 경험할 날이 올 것이다. 결국 우리 모두는 죽음을 마주해야 하기 때문이다. 언젠가 우리의 영향력과 이름이 이 땅에서 사라질 날이 오기 때문이다. 이것은 누구도 피할 수 없는 현실이다. 사망률은 한 사람당 100퍼센트다.

하지만 죽음이라고 불리는 이 끔찍한 것이 끝은 아니다. 하나님과 우리 신자들에게는 절대 끝이 아니다. 야수가 공주의 키스를 받고 다시 왕자로 변하는 이야기, 신데렐라가 유리 구두를 되찾고 잘생긴 왕자와 결혼하는 이야기, 빨간 모자가 거짓말쟁이 늑대에게서 구출되는 이야기, 용들이 바깥 어두운 데로 쫓겨나 더 이상 위협하고 훔치고 죽이고 파괴할 수 없게 되는 이야기 등 우리가 사랑하는 이 모든 해피엔딩 동화는 궁극적인 해피엔딩 스토리를 떠올리게 만든다는 점에서 그냥 동화가 아니라 사실상 현실을 반영한 동화다.

그리스도 장로교회 아카데미 교장 네이트 모로우(Nate Morrow)는 벤 엘리스에게 침실 창문 밖 앞뜰에서 찬양하는 학생들에게 전하고 싶은 말이 있는지 물었다. 그때 엘리스의 대답은 "모두 사실이라고 말해 주십시오"였다.

모두 사실이라고 말하라! 바로 이것이 리더십이다. 죽음과 슬픔, 실망스러운 사건을 똑바로 바라보며 승리를 기대하는 것이 리더십이다. 우리가 늘 바라왔던 해피엔딩 스토리들이 사실이었다는 것을 뼛속 깊이 믿는 것. 바로 이것이 리더십이다.

지금 우리는 이 이야기의 답답한 중간 장들에 갇혀 있다. 하지만 그래봐야 잠시뿐이다. 이 이야기는 우리로 하여금 많은 위험과 고생, 덫의 땅을 통과하게 만들지만 이 이야기에는 놀라운 마지막 장이 포함되어 있다. 이 마지막 장은 이미 쓰여 있다. 다만 아직 현실로 펼쳐지지만 않았을 뿐이다. 이 마지막 장은 나머지 장들과 전혀 다르다. 일시적인 이전 장들과 달리 이 마지막 장은 영원하다.

비극과 혼란, 가슴 찢어지는 이별로 가득한 이전 장들과 달리, 마지막 장에서는 질병과 슬픔, 고통, 죽음이 더 이상 느껴지지도 두렵지도 않을 것이다. 우리는 그 약속의 땅으로 향하고 있다.

행복한 결말의 스토리들은 피곤한 현실을 잠시나마 잊게 해 주기 위해 존재하지 않는다. 그것들은 우리가 답답하고 두려운 상황 속에서 너무도 쉽게 잊어버리는 궁극적인 현실을 다시 기억하게 해 주기 위해 존재한다. 지금 우리가 살고 있는 이야기는 많은 위험과 고생, 덫을 포함하고 있지만 결국은 눈부신 해피엔딩으로 끝나는 이야기이다.

우리가 승자로서 경주를 마칠 수 있도록 극심한 고통을 견뎌 내신 우리의 선생이자 리더, 곧 예수님은 친구인 사도 요한에게 한 메시지를 남기셨다. 그 메시지는 사람들에게 모두 사실이라고 말하라는 것이었다.

나와 같은 울음꾼들이여, 잠시 나와 함께 통곡하자. 함께 울부짖고 저항함으로써 리더십을 발휘하자. 저주가 지속되는 한, 그렇게 하자. 하지만 희망 없는 자들처럼 울지는 말자. 이야기가 어떻게 끝날지 아는 자들처럼 울자. 더 정확하게는, 영원한 마지막장이 어떻게 시작될지를 아는 자들처럼 울자.

또 내가 새 하늘과 새 땅을 보니 처음 하늘과 처음 땅이 없어졌고 바다도 다시 있지 않더라 또 내가 보매 거룩한 성 새 예루살렘이 하나님께로부터 하늘에서 내려오니 그 준비한 것이 신부가 남편을 위하여 단장한 것 같더라 내가 들으니 보좌에서 큰 음성이 나서 이르되 보라 하나님의 장막이 사람들과 함께 있으매 하나님이 그들과 함께 계시리니 그들은 하나님의 백성이 되고 하나님은 친히 그들과 함께 계셔서 모든 눈물을 그 눈에서 닦아 주시니 다시는 사망이 없고 애통하는 것이나 곡하는 것이나 아픈 것이 다시 있지 아니하리니 처음 것들이 다 지나갔음이러라 보좌에 앉으신 이가 이르시되 보라 내가 만물을 새롭게 하노라 하시고 또 이르시되 이 말은 신실하고 참되니 기록하라 하시고 또 내게 말씀하시되 이루었도다 나는 알파와 오메가요 처음과 마지막이라 내가 생명수 샘물을 목마른 자에게 값없이 주리니 이기는 자는 이것들을 상속으로 받으리라 나는 그의 하나님이 되고 그는 내 아들이 되리라(계 21:1-7).

우리의 입지와 영향력이 사라져갈 때, 우리의 때가 올 때, 우리는 두려워하지 않을 수 있다. C. S. 루이스가 《천국과 지옥의 이혼》(*The Great Divorce*)이란 책에서 한 다음 말이 참으로 옳다.

이것이 인간들이 오해하고 있는 점이다. 그들은 일시적인 고난에 대해 "미래의 그 어떤 행복도 그 고난을 보상할 수 없다고 말한다. 천국을 얻고 나면 그 천국이 소급해서 작용해 그 고난조차 영광으로 변화시킨다는 것을 모르고서 말이다."[9]

삶이라는 고통스러운 악몽은 이야기의 끝이 아니다. 이 악몽은 거기서 완전하고도 영원히 깨어나는 날을 빛내 주기 위한 배경일 뿐이다.

그 어떤 차디찬 바람도 그 어떤 독한 숨도
저 건강한 해변에 다다를 수 없네.
질병과 슬픔, 고통, 죽음이

더 이상 느껴지지도 두렵지도 않네.

나는 약속의 땅으로

향하고 있네, 향하고 있네, 향하고 있네.

-새뮤얼 스테넷(Samuel Stennett)(1727-1795년)

우리가 잘 믿지 못할 때조차 이 말은 분명한 사실이다. 결국 가장 큰 영향력은 우리의 비전이나 설교, 리더십, 성과가 아닌 약점에서 나오는 것이 아닐까?

때때로 지나온 세월을 돌아보며 세상에서 치유에 가장 큰 기여를 한 것이 자신의 왕관이 아닌 십자가였다는 사실을 기억할 줄 아는 리더야말로 최고의 리더다.

에필로그

나의 멘토
팀 켈러 목사에게 배운
원칙들

지금까지 인생을 살고 목회를 하면서 이 책에서 소개한 원칙들의 본보기가 되어 준 많은 믿음의 사람들이 있었다. 개중에는 직접 만나지는 못했지만 삶을 통해 내게 깊은 영향을 미친 인물들이 있다. 그중에서 몇 명만 소개해 보면 마틴 로이드 존스(Martyn Lloyd-Jones), 윌리엄 윌버포스, 유진 피터슨, 마틴 루터 킹 주니어, 에이미 카마이클, 달라스 윌라드(Dallas Willard), 조나단 에드워즈

(Jonathan Edwards), C. S. 루이스 등이다.

그런가 하면 내가 직접 만나서 개인적으로 친분을 쌓은 이들도 있다. 그들은 대중 앞에서나 사석에서나 똑같은 모습을 보였다. 특별히 나는 사적인 자리에서 그들의 모습에 깊은 영향을 받았다. 사적인 자리에서 그들은 자신이 어떤 사람인지, 특히 자신이 누구의 사람인지를 유감없이 보여 주었다.

그중 한 명은 내가 5년 동안 함께 사역하는 특권을 누린 목사이자 저자이며 리더인 팀 켈러 목사다. 많은 사람들에게, 특히 기독교 세계에서 켈러는 소개가 필요 없는 인물이다. 나처럼 멀리서 오랫동안 켈러를 흠모해 온 사람들을 위해 그에 관한 찬사의 글로 이 책을 마쳐야겠다는 생각을 했다. 그 글은 그가 목회 은퇴를 선언한 뒤에 내가 매주 업데이트하는 블로그에 올렸던 것이다. 다음의 글을 읽다 보면 이 책에서 소개한 원칙들의 대부분이 살아 숨쉬는 것을 볼 수 있을 것이다.

특히, 다음 글에서 켈러의 삶이 공적인 자리에서 막대한 영향을 미친 삶만이 아니라 사적인 자리에서 충성을 다한 삶이었다는 사실을 보게 되기를 바란다.

팀 켈러를 향한 내 찬사의 글

2017년 3월 6일 스캇 솔즈

지난주 주일, 뉴욕 시에 사는 친구들이 보낸 문자 메시지가 내 전화기에서 불이 나기 시작했다. 읽어 보니 내 친구이자 전 상사이며 오랫동안 내 정신적 지주였던 리디머 장로교회의 팀 켈러 목사가 2017년 7월 1일자로 목회에서 은퇴한다는 소식이었다. 내가 지금과 같은 목사이자 리더가 된 데는 다른 누구보다도 켈러 목사의 영향력이 절대적이었기 때문에 그의 은퇴 소식은 내게 특히 큰 의미가 있었다.

내가 켈러 목사를 처음 만난 것은 11년 전이었다. 당시도 마찬가지고 지금도 나는 그가 우리 시대 최고의 설교자이자 사상가이며 비전가라고 믿어 의심치 않는다. 나만 이렇게 생각하는 것은 아닐 터이다. 그런데 내가 그와 가까이서 사역하면서 눈여겨본 또 다른 점들이 있다. 어찌 보면 이 점들이야말로 내가 그를 사랑하는 진짜 이유다. 지금이야말로 그에 관해 이야기할 최적의 타이밍이라는 생각이 든다. 왜, 누구나 자신의 정신적 지주가 이런 큰 변화를 선언할 때 그에 관한 중요한 말을 한마디쯤 하지 않는가. 그래서 이제부터 내가 켈러의 본보기를 통해 배운 중요한 교훈 몇 가지를 소개해 보겠다.

첫째, 복음의 미덕들은 온데간데없고 그저 입지를 구축하고 명예를 좇고 거물들의 이름을 들먹이는 기독교 유명 인사가 판을 치는 이 이상하고도 안타까운 시대에 세상 명예를 추구하기를 한사코 거부하는, 아니 그쪽은 쳐다보지도 않는 켈러 목사의 모습은 내게 참으로 신선한 충격이었다. 켈러 목사는 한 번도 스포트라이트를 추구하지 않았다. 자신의 이름을 날리는 데는 눈곱만큼도 관심이 없었다. 예레미야가 그의 서기관에게 했던 "네가 너를 위하여 큰일을 찾느냐? 그것을 찾지 말라"(렘 45:5)라는 조언이 바로 켈러 목사의 인생철학인 듯했다. 자신에 관한 말은 자제하고 늘 예수님을 자랑하던 켈러 목사. 그의 야망은 리디머교회를 통해서, 나아가 '다른' 교회와 리더들을 키우고 지원함으로써 영적으로, 사회적으로, 문화적으로 그리스도의 나라를 넓히는 것이었다.

둘째, 켈러 목사는 거의 60세가 되어서야 첫 책을 출간했다. 어떤 주제든 최대한 좋은 책을 내기 위해 나이를 먹어 지혜로워지기까지 기다렸으니 얼마나 겸손한가. 물론 그 뒤로 잃어버린 시간을 벌충하기 위한 그의 집필 속도는 무서울 정도로 빨랐다.

셋째, 많은 목사들이 서로를 기도해 주고 격려해 주어야 할 하나님 나라의 협력자로 보지 않고 넘어야 할 장애물로 보는 이 교만과 비교, 경쟁의 시대에 켈러 목사는 누구보다도 협력의 본을 보여주었다. 그는 리디머교회를 우월한 프로그램으로 '경쟁사들'을 집어삼키는 기독교 세계의 월마트로 만들기 위해 애쓰기보다는 교회 개척자 훈련 프로그램에 많은 시간과 자원, 에너지를 쏟아 붓고 있다. 그 프로그램을 통해 뉴욕 시에 점점 더 많은 교회가 세워졌다. 그는 뉴욕 시의 다른 목회자들이 성공하고 다른 교회들이 번영하는 모습을 언제나 흐뭇하게 바라보았다. 그로 인해 리디머교회의 입지가 작아져도 전혀 개의치 않았다. 그는 시장 점유율의 관점에서 자기 도시의 그리스도인들을 바라보지 않았다. 공공연하게나 은밀하게나 다른 교회의 교인들을 '노린' 적이 한 번도 없었다. 그는 회의주의자와 구도자에게 특별한 관심을 쏟으며 불신자들을 전도하는 데 집중했다. 교인들이 다른 교회로 떠나면 코웃음을 치거나 방어적으로 굴지 않고 언제나 "좋은 일이군. 그 교회가 더 부흥하겠어"라며 오히려 기뻐해 주었다. "뉴욕 시의 모든 교회가 부흥하는 것이 우리가 원하는 것이지. 리디머교회는 무엇보다도 파송하는 교회야. 가장 뛰어난 교인들을 뉴욕 시의 다른 교회들에 보내야 진정으로 파송하는 교회라고 할 수 있지." 켈러 목사는 늘 이런 식으로 말했다.

넷째, 리디머교회가 자신의 뛰어난 리더십 아래서 나날이 성장하는 가운데서도 켈러 목사는 더 크게를 지향하지 않았다. 그는 언제나 교회당 자리가 꽉 차는 양보다 목회의 '질'을 더 강조했다 (아이러니하게도 리디머교회에서는 평상시에도 예배 때 자리를 찾기가 사실상 불가능에 가깝다). 원래 켈러 목사 부부의 비전은 맨해튼의 한 지역에서

350명 정도 중소 규모의 교회를 목회하는 것이었다. 그들은 리디머교회를 대형 교회로 키울 생각이 전혀 없었다. 오히려 함께 도시를 섬기는 교회들과 교단들의 거대한 운동에 기여하는 많은 손발 중 하나가 되기를 원했다. 지금도 두 사람은 데이비드 비스그로브(David Bisgrove), 아베 조(Abe Cho), 존 린(John Lin), 마이클 켈러(Michael Keller), 이렇게 네 담임목사들의 리더십 아래서 리디머교회가 대형 교회가 아닌 각자 뉴욕 시의 독특한 지역들을 전문성 있게 섬기는 수많은 중소 규모 교회들의 거대한 네트워크에 동참할 미래를 이야기하고 있다. 켈러 목사는 처음 시작할 때 가졌던 비전을 그대로 품은 채 목회 인생을 마무리하고 있다. 그의 비전은 대형 교회를 추구하는 것이 아니라 뉴욕 시를 하나님의 도성을 닮은 위대한 도시로 만들기 위한 더 큰 운동에 한 구성원으로 동참하는 것이다.

다섯째, 켈러 목사는 영향력이 커질수록 성경 읽기와 기도 같은 신앙의 기본기에 더 집중했다. 그의 오랜 습관 중 하나는 매달 시편을 통독하고 매년 성경 전체를 통독하는 것이다. 아울러 66세의 나이에도 매년 약 80권의 책을 읽는 젊은이 못지않은 배움의 열정을 보여 주고 있다. 내가 집필 활동과 내슈빌 그리스도 장로교회 목회를 시작할 때 드렸던 "아버지, 언제나 제게 재능보다 큰 인격을 주시고 영향력보다 큰 겸손을 주십시오"라는 기도의 영감은 무엇보다도 켈러 목사를 가까이서 지켜보면서 얻은 것이다.

여섯째, 켈러 목사 부부는 화목한 가정을 이루고 있다. 두 사람은 늘 손을 꼭 잡고서 인생길과 목회길을 걸어가고 있다. 이것이 리더머교회 성공의 가장 큰 비결이 아닐까 싶다. 소문에 따르면 두 사람은 집에 단 둘이 있을 때면 서로 톨킨 소설의 엘프 언어로 대화한다고 한다(그렇다. 이들에게도 기벽이 있다). 두 사람이 가장 좋아하는 일 가운데 하나는 함께 책을 읽고 토론하는 것이다. 잘 알려지지는 않았지만 캐시 사모는 남편보다 더는 아닐지 모르지만 못지않게 똑똑하다. 내가 알기로 켈러 목사는 고든 콘웰 신학교(Gordon-Conwell Theology Seminary)를 차석으로 졸업했다. 수석 졸업자는 바로 캐시 사모였다. 두 사람의 자녀가 모두 똑똑한 것도 무리가 아니다. 캐시 사모가 켈러 목사의 설교를 대신 써 주는 대필 작가라는 소문도 있다(물론 사실은 아니지만 캐시 사모는 충분히 그럴 능력이 있다). 어떤 경우든 켈러 목사는 대단하다. 보통 사람이 책을 읽는 속도보다도 빨리 책을 쓰는 것이 어디 보통 능력인가.

일곱째, 내가 《예수님처럼 친구가 되어 주라》라는 책에서 언급했듯이 켈러 목사는 복음으로 허물을 덮어 주는 은혜에서 내가 만난 최고의 본보기였다. 5년 동안 그의 리더십 아래서 목회하면서 그가 면전에서나 온라인에서나 험담을 통해서나 누군가를 깔아뭉개는 모습을 단 한 번도 본 적이 없다. 오히려 그는 언제나 상대방이 기본적으로는 좋은 사람이라고 가정했다. 그는 비판할 거리나 분노할 거리를 찾기보다는 예수님의 용서와 인정을 통해 "사람들의 좋은 면을 봐 줄" 자유를 얻으라는 말을 자주 했다. 누군가가 실제로 잘못이나 실수를 저질러도 그는 가혹한 비판을 쏟아내기보다는 겸손한 절제와 자기반성으로 반응했다.

은혜의 하나님이 우리에게 해 주시는 것처럼 그는 나의 숱한 잘못을 포함해서 사람들의 흠과 죄를 덮어 주었다. 그가 그렇게 하는 것은 그것이 은혜의 길이기 때문이다. 은혜는 그리스도가 최악의 상황으로부터 우리를 보호해 주신다는 사실을 기억나게 해 준다. 예수님이 우리를 이렇게 보호해 주시기 때문에 우리 모두는 남의 평판을 깎아내리기보다는 회복시켜 주고, 욕하기보다는 높여 주고, 험담을 퍼뜨리기보다는 차단시키고, 망가진 사람들을 원망하기보다는 망가진 관계들을 회복시키는 은혜의 사람이 되어야 한다.

마지막으로, 켈러 목사가 받는 비판은 주로 외부에서 날아오며, 거의 대부분 부당한 비판이다. 그런데 그런 비판이 그에게서 최악의 모습이 아니라 오히려 최상의 모습을 이끌어낸다. 그는 말과 행동을 통해 내게 비판에 방어적으로 굴어서 절대 좋은 결과를 얻을 수 없다는 사실을 가르쳐 주었다.

또한 그는 목사로서 우리가 받는 모함과 비판이 때로는 인간으로서 우리를 겸손하게 낮추기 위한 하나님의 도구일 수 있다는 점도 가르쳐 주었다. 내가 가장 좋아하는 켈러 목사의 글 중 하나인 "당신의 시각에 대한 비판을 어떻게 받아들이고 있는가?"라는 글에 다음과 같은 내용이 있다.

첫째, 아무리 과장되고 부당한 공격이라 할지라도 거기에 일말의 진실이라도 있는지 살펴봐야 한다. … 따라서 비난이 부분적으로, 심지어 대체로 잘못되었다 하더라도 혹시 정말로 잘못한 점이 있는지 스스로를 돌아보라. 자신도 모르게 신중하지 못한 행동이나 말을 했을 수도 있다. 물론 비판이 부분적으로 옳다 해도 그 의도는 옳지 않을 수 있다. 하지만 그렇다 하더라도 주님 앞에서 잘못을 돌아보고 회개하라. 그래서 겸손해지라. 그렇게 되면 비판을 받아들일 수 없다 해도 그 비판으로부터 배우고 비판자를 향한 정중한 태도를 잃지 않을 수 있다.

당신을 전혀 모르는 사람의 비판(온라인상에서 자주 벌어지는 일)은 부당하고 황당할 수 있다. 실제로 나의 입장에 대해 비판을 받는 경우도 많지만 나와 전혀 상관없는 입장(과 동기)에 대해 비판을 받는 경우가 더 많다. 그럴 때는 비판자를 비웃기 쉽다. "웃기는군." 그렇게 쏴 주고 싶다. 하지만 그러지 마라. 상대방의 비판에 일말의 진실조차 없다 해도 속으로 비웃지 말라. 그 일을 계기로 자신이 과거에 저질렀던 실수와 어리석은 행동을 다시금 기억하라. 비

판자가 은혜 안에서 성장하게 해 달라고 기도하라.[1]

십여 년 전, 나는 우리 시대 최고의 설교자이자 비전가 중 한 명과 나란히 사역하면서 배우겠다는 생각으로 온 가족을 이끌고 뉴욕 시로 이사했다. 실제로 나는 설교와 비전에 관해 많은 것을 배웠다. 하지만 나는 그런 것보다도 더 큰 것까지 얻었다. 켈러 목사는 맥체인(McCheyne)이 목사가 자신의 사람들에게 줄 수 있는 가장 중요한 것이라고 말한 그것을 내게 (그리고 우리에게) 주었다. 그것은 바로 그 자신의 거룩함이었다. 내게 그의 삶은 불완전을 초월하는 정직, 재능을 초월하는 인격, 실용주의를 초월하는 기도 중심의 태도, 개인적인 야망을 초월하는 이타주의, 개인적인 안위를 초월하는 나눔의 정신, (눈부신) 영향력을 초월하는 겸손을 생생히 보여 주는 아름다운 그림과도 같았다.

이제 켈러 목사는 우리를 위해 좋은 마무리가 무엇인지를 보여 주는 그림을 그리기 시작했다. 그는 "나는 예수님의 신발끈을 풀 자격도 없는 사람이다. 그분은 흥하여야 하겠고 나는 쇠하여야 하리라"라는 고백을 입술로만 말하는 것이 아니라 삶으로 우리 모두에게 똑똑히 보여 주고 있다.

그런데 켈러 목사는 쇠함으로써 흥해가고 있다. 그가 설교에서 말했듯이 "왕처럼 굴지 않을수록 더 왕처럼 되어간다."

    내게 더 나은 목사, 더 나은 커뮤니케이터, 더 나은 리더가 되고 싶은 열정을 불어넣어 준 켈러 목사에게 진심으로 감사한다. 무엇보다도, 더 나은 사람이 되어야 함을 가르쳐 준 것에 감사한다. 켈러 목사의 경주가 아직 끝나지 않았다고 믿는다. 훈련과 교육 분야에서 켈러 목사가 해야 할 일이 아직 남아 있다. 하지만 목회하는 켈러 목사가 계속해서 그리울 것이다.

감사의 말

앤드류(Andrew)를 비롯한 월게머스 앤 어소시에츠(Wolgemuth & Associates)의 팀에 감사한다. 그들은 나를 가장 먼저 믿어 준 사람들이다. 내가 책을 쓰도록 끝까지 설득해 주어서 얼마나 고마운지 모른다. 처음에는 얼토당토하지 않게 보였던 것이 지금은 기쁨의 근원이요 복음 사역의 또 다른 통로가 되었다.

이 출판 프로젝트를 진행해 달라고 내게 요청해 준 지미 도드(Jimmy Dodd)와 데이비드 C 쿡(David C Cook)에게 감사한다. 나를 비롯한 목사들과 다른 리더들에게 아낌없이 투자해 주는 고마운 이들이다.

팀 켈러(Tim Keller) 목사에게 감사한다. 켈러 목사의 인품은 영향력과 나란히 자랐고, 계속해서 자라서 이제는 영향력을 추월한지 오래다. 켈러 목사를 처음 멘토로 알고 지금은 친구로 사귀면서 점점 설교보다도 기도와 겸손, 아름다운 결혼생활로 인해 그를 더욱 존경하게 되었다. 물론 그의 설교가 세계 최고라고 여전히 믿어 의심치 않는다. 그의 사적인 삶과 공적인 삶 모두 내가 이 책에서 쓴 것들을 그대로 보여 주는 최고의 사례다.

스코티 스미스(Scotty Smith)에게 감사한다. 내 목회의 초창기부터 그는 나의 형제이자 변함없이 든든한 옹호자였다. 그의 목소리에서는 늘 하늘 아버지의 사랑이 듬뿍 묻어나온다. 그가 나를 환영해 주는 음성은, 우리가 위대해서가 아니라 예수님이 오직 은혜로 우리를 그분의 위대함에 동참시켜 주신 덕분에 우리 모두가 듣게 될 "잘 하였도다, 착하고 충성된 종아"라는 하늘 아버지의 음성을 똑 닮아 있다. 이 메시지를 그보다 더 확실하게 내 가슴에 심어 준 사람은 없다. 그리고 그는 점점 더 나아지고 있다. 나이를 먹을수록 더 겸손하고 친절하고 지혜롭고 어린아이처럼 되어가고 있다.

지프(Gif)와 앤더슨(Anderson), 톰(Tom), 트로이(Troy), 빌(Bill), 허버트(Herbert), 그레그(Greg)에게 감사한다. 이들은 내 인생 스승이요 누구보다도 귀한 친구들이다. 이들과 한 배를 타고 있어 얼마나 든든한지 모른다.

밥 브래드쇼(Bob Bradshaw)에게 감사한다. 그는 그리스도 장로교회라는 건강하고 생명을 주는 공동체의 비밀병기다. 흠잡을 데 없는 인격으로 우리를 이끄는 진짜배기 리더다. 그와 함께하니 그야말로 두려울 것이 없다. 그를 친구라 부를 수 있어서 너무나 행복하다.

그리스도 장로교회의 목사들과 사역자들, 리더들, 성도들에게 감사한다. 이들은 내 가족이다. 깊이 사랑한다.

조니 에릭슨 타다(Joni Eareckson Tada)에게 감사한다. 그녀가 써 준 추천의 글은 이 책의 본문보다도 더 귀하다. 아버지의 집을 꽉 채우라는 누가복음 14장의 명령을 너무도 잘 수행하고 있는 그녀가 자랑스럽기 그지없다. 약함에서 강함으로 사는 것이 무엇인지를 매일같이 생생하게 보여 주는 그녀에게 다시 한 번 감사한다.

애비(Abby)와 엘리(Ellie)에게 감사한다. 하나님은 이 두 아이를 아름답고도 특별하게 지으셨으며 지극히 사랑하신다. 물론 아비인 나도 이 아이들을 지독히 사랑한다. 이 아이들이 이 사실을 평생 기억하며 살아가기를 바란다.

아내 패티(Patti)에게 감사한다. 아내는 항상 나에게 진실하게 대해 주고, 내가 약함에 빠져 내 안에서 최악의 것이 나올 때 내게 힘을 더해 준 귀한 동반자다. 매일 행동 하나하나로 내게 예수님을 보여 주는 아내가 너무도 고맙다. 아내는 내가 글쓰기를 시작한 뒤로 이 책을 비롯해서 모든 글의 첫 번째이자 가장 중요한 편집자가 되어 주었다. 나보다도 더 박수를 받아야 마땅한 비밀의 공동저자다. 늘 야심만만하고 때로는 충동적이기까지 한 내 성향의 부작용을 성실하고도 꾸준한 모습으로 보완해 주는 최고의 친구이자 협력자요 상담자이며 모든 비밀을 털어놓을 수 있는 대상이다. 그리고 여전히 내가 한 집에서 함께 늙어가고 싶은 유일한 사람이다. 아내와 함께라면 우리 아이들이 다 출가한 뒤에도 치명적인 허전함은 없으리라. 내 삶은 항상 아내로 꽉 차 있을 것이다.

어머니에게 감사한다. 어머니의 기억력은 사라지고 있으나 품위와 아름다움은 예전 그대로다. 어머니와 늘 함께하고 저 천국에서도 영원히 함께 살리라.

아버지에게 감사한다. 아버지가 어머니를 사랑하고 보호하는 모습을 볼수록 더 나은 사람이 되고 싶은 마음이 점점 더 커진다.

주

--- **Part 1**

1 야망이라는 덫에 걸리다

1. Donald Miller, *Searching for God Knows What* (Nashville: Thomas Nelson, 2004), 116. 도널드 밀러, 《내가 찾은 하나님은》(복있는사람 역간).

2. C. S. Lewis, *The Joyful Christian* (New York: Touchstone, 1996), 138.

3. C. S. Lewis, *The Weight of Glory* (New York: HarperCollins, 2001), 26. C. S. 루이스, 《영광의 무게》(홍성사 역간).

4. Tennessee Williams, "The Catastrophe of Success" (essay, 1947).

5. J. R. R. Tolkien, *The Return of the King* (Boston: Houghton Mifflin, 1994), 930. J. R. R. 톨킨, 《반지의 제왕》.

6. C. S. Lewis, *The Last Battle* (New York: HarperCollins, 1984), 228.

7. Anne Lamott, *All New People* (New York: Bantam Books, 1989).

2 영적 고립, 도덕적 몰락의 지름길이다

1. John Owen, *The Mortification of Sin* (1656). 존 오웬, 《내 안의 죄 죽이기》(브니엘출판사 역간).

2. Pink, "Don't Let Me Get Me," Missundaztood ⓒ 2001 Arista.

3. 〈세인트루이스 포스트-디스패치〉(Saint Louis Post-Dispatch)지에 소개된 티머시 브루

어(Timothy Brewer) 목사 유서의 발췌문.

4. "How Many Hours Must a Pastor Work?," 2013년 7월 24일, Thom S. Rainer, http://thomrainer.com/2013/07/how-many-hours-must-a-pastor-work-to-satisfy-the-congregation/.

5. Herman Melville, *Moby Dick* (Boston: St. Botolph Society, 1892), 82. 허먼 멜빌, 《모비딕》.

--- Part 2

3 비판의 화살이 날아올 때

1. Rebecca Pippert, *Hope Has Its Reasons* (San Francisco : HarperSanFrancisco, 1991), 93-94.

2. Dietrich Bonhoeffer, *Life Together* (New York : Harper & Row, 1954). 디트리히 본회퍼, 《말씀 아래 더불어 사는 삶》(빌리브 역간).

3. Elbert Hubbard (1859-1915), BrainyQuote, www.brainyquote.com/quotes/quotes/e/elberthubb385728.html.

4. Lydia Smith, "Fiftieth Anniversary of Winston Churchill Death," International Business Times, 2015년 1월 24일, www.ibtimes.co.uk/50th-anniversary-winston-churchill-death-memorable-quotes-speeches-facts-about-britains-1484710.

5. Timothy Keller, Twitter, 2016년 6월 16일, https://twitter.com/timkellernyc/status/743444060577345536.

6. 이 편지의 원문은 내 블로그 scottsauls.com에 처음 소개됐다.

4 점점 질투심이 커져갈 때

1. C. S. Lewis, *Mere Christianity* (New York : HarperOne, 2001). C. S. 루이스, 《순전한 기독교》(홍성사 역간).

2. 사무엘상 18장 6-16절에서 이야기 전체를 읽을 수 있다.

3. Tim Phillips, *Bertrand Russell's "The Conquest of Happiness"* : A Modern-Day Interpretation of a Self-Help Classic (Oxford : Infinite Ideas, 2010). 버트런드 러셀, 《행복의 정복》(문예출판사 역간).

4. Stephanie McNeal, "An 18-Year-Old Instagram Star Says Her 'Perfect Life' Was Actually Making Her Miserable," BuzzFeed, 2015년 11월 2일, www.buzzfeed.com/stephaniemcneal/a-teen-instagram-star-is-editing-her-photo-captions-to-show?utm_term=.fxAjJjNyW#.jfQLNLQzP.

5. Mallory Schlossberg, "A Teenage Instagram Star Who Has Modeled for Major Brands Abruptly Decided to Abandon Social Media," Business Insider, 2015년 11월 2일, www.businessinsider.com/teenage-instagram-star-essena-oneill-quits-social-media-2015-11.

6. Karen Yates, "On Christian Celebrities: And How We Are All Broken," blog, 2013년 10월 3일, www.kareneyates.com/2013/10/on-christian-celebrities-and-how-we-are-all-broken.html.

7. Jim Collins, *Good to Great: Why Some Companies Make the Leap and Others Don't* (New York : Random House, 2001), 13. 짐 콜린스, 《좋은 기업을 넘어 위대한 기업으로》(김영사 역간).

8. 이 개념은 아브라함 카이퍼(Abraham Kuyper)의 가르침에서 비롯했다.

5 불안감에 휩싸일 때

1. U2, "I Still Haven't Found What I'm Looking For," The Joshua Tree ⓒ 1987 Island Records.

2. Brennan Manning, *The Ragamuffin Gospel* (Sisters, OR : Multnomah Books, 1990). 브래넌 매닝, 《한없이 부어 주시고 끝없이 품어 주시는 하나님의 은혜》(규장 역간).

3. C. S. Lewis, *The Lion, the Witch, and the Wardrobe* (Woodstock, IL : Dramatic, 1989). C. S. 루이스, 《사자와 마녀와 옷장》.

4. Lynn Hirshberg, "The Misfit," Vanity Fair, 1991년 4월, 167.

5. 이 말을 팀 켈러의 설교에서 처음 들었다.

6. Eugene H. Peterson, *Run with the Horses : The Quest for Life at Its Best* (Downers Grove, IL : InterVarsity, 1983). 유진 피터슨, 《주와 함께 달려가리이다》(IVP 역간).

6 관계에서 실망할 때

1. Jacqui Frank and Julie Bort, "Billionaire Minecraft Founder Markus Persson Proves Money Doesn't Buy Happiness," Business Insider, 2015년 10월 6일, www.businessinsider.com/man-who-sold-minecraft-to-microsoft-markus-persson-success-2015-10.

2. Nine Inch Nails, "Hurt," The Downward Spiral © 1994 Interscope Records.

3. C. S. Lewis, *The Four Loves* (London : HarperCollins, 1960). C. S. 루이스, 《네 가지 사랑》(홍성사 역간).

4. 마이크 저지(Mike Judge) 감독의 〈뛰는 백수 나는 건달〉(Office Space) (Los Angeles : Fox, 1999).

5. "What Everyone in the World Wants : A Good Job," Gallup, 2015년 6월 9일, www.gallup.com/businessjournal/183527/everyone-world-wants-good-job.aspx.

6. Paul Sohn, "Why Only 13 Percent of People Love Their Jobs," blog, 2013년 10월 23일, http://paulsohn.org/why-only-13-of-people-love-their-jobs/.

7. N. T. Wright, *Surprised by Hope* (New York : HarperCollins, 2009). 톰 라이트, 《마침내 드러난 하나님의 나라》(IVP 역간).

8. Timothy Keller and Katherine Alsdorf, Every Good Endeavor : Connecting Your Work to God's Work (New York : Penguin, 2014). 팀 켈러와 캐서린 알스도프, 《일과 영성》(두란노 역간).

7 세상의 반대에 부딪힐 때

1. Madeleine L'Engle, *Walking on Water* (Wheaton, IL: Harold Shaw, 1980), 122.

2. Chris Stedman, "Want to Talk to Non-Christians? Six Tips from an Atheist," Q Ideas, accessed 2014년 10월 15일, www.qideas.org/articles/want-to-talk-to-non-christians-six-tips-from-an-atheist/.

3. "Chick-fil-A Opens on Sunday to Give Food to Orlando Blood Donors," WJBF, 2016년 6월 14일, http://wjbf.com/2016/06/14/chick-fil-a-opens-on-sunday-to-donate-food-to-orlando-blood-donors/.

4. Shane L. Windmeyer, "Dan and Me: My Coming Out as a Friend of Dan Cathy and Chick-fil-A," Huffington Post, 2013년 1월 28일, www.huffingtonpost.com/shane-l-

windmeyer/dan-cathy-chick-fil-a_b_2564379.html.

8 고난으로 절뚝거릴 때

1. 이번 장의 제목은 댄 알렌더(Dan Allender)의 역작 《약함의 리더십》(*Leading with a Limp*, 복있는사람 역간)의 원서 제목에서 빌렸다.

2. Nicholas Wolterstorff, *Lament for a Son* (Grand Rapids, MI: Eerdmans, 1987), 80. 니콜라스 월터스토프, 《나는 사랑하는 사람을 잃었습니다》(좋은씨앗 역간).

3. C. S. Lewis, *A Grief Observed* (New York: HarperCollins, 2009). C. S. 루이스, 《헤아려 본 슬픔》(홍성사 역간).

4. Timothy C. Morgan, "Kay Warren: A Year of Grieving Dangerously," Christianity Today, 2014년 3월 28일, www.christianitytoday.com/ct/2014/march-web-only/kay-warren-grieving-mental-illness-suicidesaddleback.html.

5. "Elisabeth Kubler-Ross," Goodreads, 2017년 6월 15일에 확인, www.goodreads.com/quotes/202404-the-most-beautiful-people-we-have-known-are-those-who.

6. Charlie Peacock, "Now Is the Time for Tears," Coram Deo ⓒ 1992 Sparrow Records.

7. William Shakespeare, *Macbeth* (1606). 윌리엄 셰익스피어, 《맥베스》.

8. Steven Curtis Chapman, "Beauty Will Rise," Beauty Will Rise ⓒ 1999 Sparrow Records.

9. C. S. Lewis, *The Great Divorce* (London : Geoffrey Bles, 1946). C. S. 루이스, 《천국과 지옥의 이혼》(홍성사 역간).

에필로그

1. "How Do You Take Criticism of Your Views?," Redeemer, 2009년 12월 16일, www.redeemercitytocity.com/blog/2009/12/16/how-do-you-take-criticism-of-your-views.